Moda,

Globalização e Novas Tecnologias

Suzana Avelar

Moda,
Globalização e Novas Tecnologias

2ª edição

Estação das Letras e Cores

SENAC editora RIO

2011

Dados Internacionais da Catalogação na Publicação (CIP)

Avelar, Suzana
Moda: globalização e novas tecnologias / Suzana Avelar.
2a edição - São Paulo: Estação das Letras e Cores Editora, 2011, Rio de Janeiro: Editora Senac Rio

Bibliografia.
ISBN. 978-85-60166-48-0

1. Moda 2. Moda - Aspectos econômicos 3. Moda - Inovações tecnológicas 4.Globalização 5. Luxo - Aspectos sociais I. Título.

08-02571 CDD-338.4731
391
391.00285

Estação das Letras e Cores

Direção Editorial: Kathia Castilho

Estação das Letras e Cores

Rua Cardoso de Almeida, 788 cj.144 – Perdizes
CEP: 05013-001 – São Paulo - SP
Telefax 55 11 4191-8183
www.estacaoletras.com.br

SISTEMA FECOMÉRCIO-RJ
SENAC RIO

Presidente do Conselho Regional: Orlando Diniz

Editora Senac Rio

Rua Marquês de Abrantes, 99/2º andar – Flamengo
CEP: 22230-060 – Rio de Janeiro - RJ
comercial.editora@rj.senac.br
editora@rj.senac.br
www.rj.senac.br/editora

Texto revisado segundo o Novo Acordo Ortográfico da Língua Portuguesa, em vigor no Brasil desde 2009.

Revisão: Simone Floripi, Marcia Moura e Caio Pereira

Diagramação: CD Studio

Imagem da Capa: Danilo Carpigiani a partir da foto de Ronald Stoops da coleção Outono-Inverno 2008/2009 de Walter Van Beirendonck

2ª edição: agosto de 2011

Para Paulo Zuben

Agradecimentos

Gostaria de agradecer muitas pessoas que comigo estiveram para a realização deste trabalho. O início das reflexões que estão presentes neste livro foi minha tese de doutorado, que terminei em dezembro de 2005.

É por isso que agradeço a Lucia Santaella, minha orientadora, por seu olhar crítico e por sua atuação em meus estudos desde a época de meu mestrado com o professor doutor Philadelpho Menezes.

Solange Silva foi fundamental para a organização de minha tese e para me assegurar do caminho que seguia então. Da mesma forma, Armando Oliveti foi de grande importância, pois durante a escrita do doutorado, além de revisar meu texto naquele período, ainda debatia algumas hipóteses e pensamentos, como exercício já para uma defesa.

Na defesa, minha banca teve a participação de mulheres elegantes e brilhantes que colocaram questões centrais para aquele trabalho e para a sua continuidade: Maria Cristina Volpi Nacif, que já conhecia da época dos estudos do NIDEM, coordenado por Solange Wajnman, contribuiu de forma assertiva e determinada com relação à história que tão bem conhece. Maria Lucia Bueno proferiu questões fundamentais para o estudo da moda, chamando a minha atenção para alguns conceitos, os quais, para o desenvolvimento deste livro, alterei mediante tais sugestões. E também, minha amiga Priscila Arantes, que delineou abordagens possíveis para o engrandecimento de muitas ideias com base em seu conhecimento da filosofia e da arte. Essa foi uma banca rara, pois todos estavam ali realmente para contribuir com o meu trabalho, com muito respeito e sabedoria.

No âmbito das entrevistas, pude contar com a gentileza e o profissionalismo de Cassio Elizabetsky, Fabiana Mendes e Jefferson Kulig, que se dispuseram a me encontrar e narrar histórias da indústria da moda de tempos atrás e de uma nova geração pioneira e ainda pouco compreendida aqui no Brasil. Mas o pioneirismo tem mesmo esse custo.

Agradeço à minha amiga Simone Floripi, por sua cuidadosa revisão para a concretização deste livro, e também a essa ilustre e delicada editora, Kathia Castilho. Seu trabalho relativo à produção do pensamento sobre moda no Brasil tem sido incansável.

Meus especiais agradecimentos a Ivan Bismara, também meu professor da graduação, Patrícia Fonseca, Sandra Penkal e Romy Tutya, por seus reconhecimentos e por se tornarem meus grandes amigos.

À contribuição de meus professores na Faculdade Santa Marcelina, sob a coordenação de Vera Lígia Gibert, pioneira nos estudos acadêmicos de moda na graduação no Brasil, pela fundamentação do conhecimento de moda em seu sentido mais amplo. Carlos Mauro Rosa foi uma figura determinante, assim como Maria José Jorente e meus professores da graduação.

Como minhas atuações na área da moda ocorreram num período em que pouco se sabia sobre a formação acadêmica no Brasil, quando Giovanna Kupfer me concedeu meu primeiro estágio, pude compreender a totalidade de uma grande empresa de confecção. Além de entender que vendemos conceito, e não simplesmente objetos; conhecer essa importante empresária e criadora da moda foi uma grande sorte. De lá segui para a confecção Antonio Melica, e Claudia Gnemi me contratou por dois anos. Trabalhei em todas as áreas da confecção e também conheci outras questões dessa indústria.

A famílias importantes, Nador e von Zuben, sem dúvida alguma, como Avelar e Gomes, com todos os seus afetos.

Muitos dos meus colegas e alunos foram e são de grande importância, pois é neles que meu trabalho se concretiza, nas trocas de experiência e em aulas gratificantes.

Prefácio da segunda edição

O ano de publicação da primeira edição deste livro data de 2009, embora seu conteúdo tenha sido formulado nos anos em que o século XXI dava seus primeiros passos. De lá para cá, novos eventos tomaram espaço em nossa realidade e nos confirmaram algo para o qual outros autores já vinham chamando a atenção: o advento das tecnologias, principalmente as digitais, trouxe à tona dinâmicas inovadoras no plano sociocultural, bem como na moda.

Como resultado da reflexão de sua época, este livro é fruto de um estudo de doutorado que toca na questão das tecnologias emergentes e mais estabelecidas, trabalhando a moda e sua indústria em algumas abordagens pontuais: a organização dessa indústria; os trâmites econômicos com as redes digitais; alguns novos materiais e computadores vestíveis; e, por fim, a moda dentro e fora do sistema, se é que podemos falar assim, e em suas produções estéticas. Vale notar que no livro há um capítulo chamando a atenção para a conexão entre moda e o campo das artes. Não se deseja ali afirmar se moda é ou não é arte. Acredito que essa pergunta não caiba mais em um período de permanente contaminação entre qualquer coisa sujeita à afecção. O que parece interessar mesmo é o quanto novas possibilidades proliferam quando em contato com outras áreas.

Considerando paradigma principal a internacionalização das diferenças em tempo real, a moda no século XXI já vinha sendo anunciada por alguns grupos de criadores e pesquisadores como superação das dicotomias e produções em fluxo. Essas dicotomias não desaparecem por completo. No entanto, sobrepõem-se a elas novas frentes de possibilidades, entre as quais podemos ressaltar: a escola belga de Antuérpia; alguns japoneses já renomados, que provocam cada vez mais incômodos com suas obras (para o bem da criação!); novos jovens talentos que estudam nas escolas britânicas, bem como seus precursores, que continuam a subverter os respiros tranquilos; e criadores brasileiros que sabem fazer moda e muito além, mesmo com as dificuldades dos custos enormes. Para além das nações, escolas como o MIT e grupos de pesquisa envolvendo vestíveis, arte e tecnologias também colocam outras frentes de produção, aproximando ciência, design e tecnologia.

Enfim, não se afirma aqui a intenção de categorizar e/ou prever o futuro da moda, mas sim abrir possíveis caminhos para o olhar sobre ela, sugerindo a importância da força de atuação de outras áreas junto a ela, gerando algo que provoca vida em nossos corpos cotidianos.

Sumário

Reflexões sobre a moda nos relevos do interstício

Pode-se afirmar, sem temor do exagero, que as reflexões desenvolvidas sobre o campo da moda dividem-se em dois tempos: antes de Gilles Lipovetsky e depois de Gilles Lipovetsky. Sem que seja necessário tecer julgamentos sobre a qualidade da obra desse autor, os dois tempos se impõem pela força de penetração que o pensamento desse filósofo e pesquisador tem alcançado, pelos quatro cantos do mundo, nas áreas da sociologia, da comunicação, da arte e da cultura em geral. De fato, seus livros dedicados mais especificamente à moda – *O império do efêmero, A moda e seu destino nas sociedades modernas* e *O luxo eterno. Da idade do sagrado ao tempo das marcas* – partindo de bases históricas seguras, pensam a moda no crisol das contradições e dos paradoxos das sociedades do hiperconsumo, sem resvalar nos extremismos catastrofistas comuns aos críticos desta era do capitalismo tardio.

Tendo como pano de fundo um autor tão imperiosamente influente, torna-se tarefa difícil pesquisar e escrever sobre a moda sem afundar consciente ou inconscientemente na angústia da influência. Neste seu trabalho, Suzana Avelar enfrenta com decisão e coragem essa difícil tarefa, saindo-se dela com o troféu da excelência e da marca inconfundível da pessoalidade.

A autora possui bons equipamentos para alcançar seus alvos. Antes de tudo, sua vivência, desde muito cedo, com o universo da moda, que lhe concede uma rara intimidade e familiaridade no trato com seu objeto de eleição. Trata-se aí do conhecimento vivido, esse que se adquire na experiência cotidiana, informação e aprendizagem que vão penetrando gradualmente na corrente sanguínea do intelecto até sua constituição tão naturalizada quanto o ato de respirar. Mas a isso a autora também acresce o conhecimento emprestado, aquele que adquirimos nos livros. Sua pesquisa está alimentada pela visitação assídua e vigilante a uma vasta bibliografia, pontos luminosos extraídos de pesquisadores brasileiros e estrangeiros.

Além disso, vale ressaltar a formação pós-graduada interdisciplinar que foi ministrada a Suzana Avelar por um olhar intersemiótico, imprescindível ao escrutínio da natureza eminentemente híbrida dos fenômenos da moda. Como se tudo isso não bastasse, este livro está longe de se confundir com os primeiros passos das reflexões de uma autoria novata, visto que, no seu mestrado, a autora já havia se debruçado sobre uma pesquisa empírica nas revistas de moda, de maneira que o solo do presente trabalho, eminentemente reflexivo, já estava fertilizado por análises indutivas, análises que roçam a proximidade dos fatos.

A par de todos os pontos fortes acima elencados, a marca inconfundível deste livro encontra-se na estratégia encontrada pela autora, uma estratégia que traz a marca inconteste de sua pessoalidade e que a livra da angústia da influência não só de Lipovetsky quanto também de outros autores importantes que tratam da moda. Embora tenha, de fato, sabido se valer das ideias preciosas de seus antecessores (e isso pode ser facilmente conferido pelo leitor ao longo de todo o trabalho), Suzana Avelar teve a sabedoria sensível de buscar um ponto de intersecção ainda não explorado no universo da moda, naquela zona fulcral que a moda compartilha com o consumo e com a arte. É justamente esse interstício eivado de ambivalências e de paradoxos que este livro coloca em relevo.

Até os anos 1880 do século XIX, o capitalismo ainda se caracterizava como um capitalismo de produção. Do início do século passado para cá, a mudança paradigmática da produção para o consumo tem levado este último a etapas cada vez mais intensificadas, até o ponto de sua caracterização em sociedades de hiperconsumismo. Estas são sociedades que interpelam apelativamente seus membros na condição de consumidores. Caracterizam-se assim pela promoção, encorajamento e reforço de estratégias existenciais voltadas prioritariamente e até exclusivamente para estilos de vida consumistas. Portanto, sociedades em que todos precisam ser consumidores, por direito e por dever.

Uma vez que o consumo não se impõe pela força do braço, mas sim pelo poder do apelo e da sedução, pela compulsão por um desejo prometido que continuamente avança para além da satisfação, a moda, no seu dilúvio de signos leves, luxuriantes, hedonistas, voláteis, exerce um papel crucial para que a compulsão não encontre repouso. No exercício de tal papel, a moda faz uso de estéticas existentes e inventa estéticas ainda inexistentes.

É sobre esse leque variável de condições prototípicas das sociedades do capitalismo globalizado que Suzana Avelar se debruça com olhar atento tanto para os detalhes quanto para o panorama geral de uma paisagem intersticial e, por isso mesmo, contraditória, paisagem que é constitutiva da complexidade da moda e da qual esta é, ao mesmo tempo, uma das principais agenciadoras.

Lucia Santaella

Introdução

Este trabalho alinha-se com uma longa série de estudos sobre moda publicados nos últimos 150 anos. O primeiro texto relevante que pôs em foco a moda na era industrial foi escrito por Charles Baudelaire, ainda no século XIX, na sua crítica sobre a modernidade. O olhar desse escritor francês definia a moda como aquilo que forma um "verdadeiro dicionário da vida moderna" (1996, p. 12), registrando o caráter circunstancial como qualidade essencial do presente. Portanto, para falar sobre a arte, Baudelaire valeu-se da moda como elemento do cotidiano captado pelo artista moderno.

No início do século XX, vários trabalhos vieram consolidar a moda como tema de discussão teórica, como os de Thorstein Veblen e Georg Simmel, ambos publicados na primeira década do século, e o de J. C. Flugel, escrito por volta de 1930. Na década de 1960, destaca-se um artigo de Herbert Blummer.

Simmel ressalta a importância da moda na sociedade do início do século XX (1904) como um dos fatores que demonstram o movimento de individualização e coletivização nos centros urbanos. Ao especular sobre a moda na diferenciação de classes sociais, esse autor aponta o fato de qualquer elemento, inclusive a arte, poder se tornar "moda".

Flugel, em outra abordagem, observa a moda através da psicologia, sob a perspectiva da alteridade, e assegura que reagimos em relação à "roupa" do outro e não "ao corpo" do outro, ou seja, ao corpo vestido. Sua análise fundamenta-se na roupa, levando em conta três aspectos característicos: pudor, enfeite e proteção. Esse autor dedica um capítulo à ligação da moda com a arte, ao afirmar que a função da roupa pode ser primeiramente estética – aproximando-se, portanto, do que acreditava ser "arte pura" (1966, p. 168).

No final do século XIX, aproximadamente em 1899, Veblen descreve a moda através daquilo que chama de "consumo conspícuo" da classe alta que corresponde a algo associado à ostentação, destinado a garantir a imagem de ociosidade e, logo, totalmente desvinculado do trabalho produtivo. Isso se aplica muito mais à mulher do que ao homem, e é por isso que o autor toma como exemplo o *corset* – roupa íntima que apertava a cintura para lhe dar o formato exigido pela moda da época – associando-o a uma "teoria econômica" por sua característica de artifício para exibição de riqueza (1960, p. 121). Isso porque o uso do *corset* restringe quase que totalmente os movimentos, separando a mulher que trabalha daquela que apenas coordena os empregados e se dedica ao bem-estar do marido. Veblen volta-se brevemente para a criação em moda: esta pode ser vista como arte quando associa invenção e inovação ao ato de ornamentar-se. A inovação na moda seria, assim, uma tentativa de nos direcionar para a apreensão do belo, aproximando-nos gradualmente da perfeição artística (p. 123).

Em artigo denominado *Fashion: from class differentiation to collective selections*, de 1960, Herbert Blummer defende a presença da moda nos estudos acadêmicos. Seguindo várias ideias de Simmel, o autor demonstra como a moda atua no gosto de camadas mais altas como um fator de diferenciação social e analisa sua influência nas escolhas da população sob a perspectiva da psicologia. Blummer explica a importância da moda como elemento substancial da modernidade, como instrumento para detectar o "espírito de época" a partir da observação de vários eventos em cada período (p. 283). O autor observa, ainda, que a moda opera em diversas áreas – nas artes, no drama, na arquitetura, na dança e na decoração de interiores, e, ao analisar o papel do costureiro, comenta suas funções, que englobam desde a criação e a propaganda até a relação com os clientes. Blummer também destaca a criação de novos modelos ao mencionar que o costureiro deve expressar o espírito das mais refinadas obras artísticas, captado e traduzido para o formato de roupa (p. 279).

Mais recentemente, em 1987, Gilda de Melo e Souza publica uma reflexão notável sobre a moda, do ponto de vista das ciências sociais, com base na literatura do século XIX. As vicissitudes da sociedade burguesa da época são analisadas através da moda registrada em importantes romances, como *Em busca do tempo perdido* (Marcel Proust), *Ilusões perdidas* (Honoré de Balzac), *Dom Casmurro* (Machado de Assis) *e Lucíola* (José de Alencar).

A autora se vale da literatura como arte expressiva de um período e, ao mesmo tempo, como depoimento da época, motivo pelo qual dedica um capítulo à ligação entre moda e arte. Afirma que a moda é apropriada pela indústria capitalista já no século XIX, mas que sua criação é permeada pelas mesmas preocupações das artes. As linhas podem ser retas ou sinuosas, e a cor funciona como volume, como combinação harmônica, como "peso" em certas áreas do trabalho, afetando, assim, o tom emocional veiculado por meio de seus significados simbólicos.

O estudo da moda levou em conta diversas abordagens de todos os principais teóricos que a ela se dedicaram desde o século XIX até o presente. Veblen e Simmel focalizam o contexto capitalista e social da moda; Flugel, seu aspecto psicológico; Baudelaire, o precursor, sua ligação com a arte. Ainda assim, Blummer defende a moda como elemento fundamental na compreensão da dinâmica da sociedade, e Gilda de Melo e Souza analisa a moda com base na sociologia e na literatura.

Com relação a esse recorrente papel social e cultural, Oscar Wilde e Honoré de Balzac, na Europa, e Machado de Assis, no Brasil, constituem alguns exemplos de grandes ficcionistas do século XIX que destacaram a moda em seus escritos. Afinal, a moda se estabelecia como um dos fatores mais importantes para a caracterização da sociedade de classes.

Uma questão fundamental requer nossa análise: que moda é essa à qual remetem tantos autores de diferentes áreas? Todos falam de moda ligada à vestimenta, isto é, associam o termo "moda" de forma mecânica e imediata ao vestuário. E essa simplificação é comum até hoje, embora a palavra admita significados muito mais amplos.

Mas a moda e a dinâmica socioeconômica e cultural do início do século XX eram totalmente diferentes daquelas que se apresentam hoje – múltiplas, complexas, estratificadas, imersas num mundo que vê a diluição das fronteiras geográficas e econômicas. Com isso, a confusão terminológica tem sido comum, mesmo entre comunicadores e outros profissionais de alguma forma ligados à sua produção e divulgação.

No intuito de caracterizar a complexidade da moda na atualidade, nos lançamos à pesquisa que resultou neste trabalho. Assim, a análise de sua organização atual e das criações – que oscilam entre coleções para o consumo imediato e aquelas mais ligadas a linguagens menos óbvias – norteia nossa abordagem. Nessa análise, as novas tecnologias surgem como elementos redefinidores da moda, dando-lhe um caráter diferente no que diz respeito a:

- Novas formas de produção e distribuição, favorecendo criações para consumo imediato;
- Novos tipos de tecidos e de construções sobre o corpo, utilizando aparatos tecnológicos;
- Novos paradigmas, vistos em criações de estilistas que tendem a enfatizar o conceito, menos digeríveis ou mais distantes de determinados padrões.

Portanto, as discussões apresentadas no primeiro capítulo têm por objetivo esclarecer "O significado do termo moda", em sua origem etimológica e em seu desencadeamento sociológico. Veremos como essa palavra passou a designar uma questão social de coletivização e individualização, baseada no relacionamento entre o indivíduo e sua roupa.

O segundo capítulo dedica-se à "Organização da indústria da moda" na atualidade, ao mostrar sua fundamentação na apropriação da dinâmica da "moda". A análise se estabelece sobre a evolução do vestuário nos últimos 150 anos, e trata não só da organização dessa indústria, mas também de sua hierarquia: a alta-costura, alta moda, prêt-à-porter e indústria da cópia.

O terceiro capítulo, "Globalização e moda", situa essa indústria no processo econômico e cultural que presenciamos hoje, de eliminação de fronteiras. Analisa as diferenças entre a moda do início do século XX e a atual, estabelecida nas últimas décadas. São, principalmente, os paradigmas desse processo globalizatório que atraem nossa atenção, como os novos modos de produção e as tecnologias digitais. Inclui-se, aí, uma breve reflexão sobre a formação da moda no Brasil, sobre o nosso gosto pelo 'estrangeiro', e também sobre algumas questões que emergiram em nosso país a partir de 1980, relativas aos dilemas da indústria da moda diante do processo de globalização.

Os capítulos quatro e cinco focalizam o impacto cultural das tecnologias digitais na moda. A criação, hoje, só pode ser compreendida se atentarmos para as mudanças de paradigmas dadas por essas tecnologias, especialmente na questão do "novo" que inaugura novos elementos criativos e estéticos.

Mais especificamente, o quarto capítulo, "Experimentação e moda", detém-se na perspectiva das vanguardas do início do século XX, não só por seu valor histórico, mas também pelo fato de que muitas das sugestões, então apresentadas, só agora encontram uma realização plena.

O quinto capítulo, "As tecnologias e a moda", mostra como atualmente esse campo se vale das tecnologias, especialmente as digitais, tanto na pesquisa conceitual (mais experimental) como no desenvolvimento de elementos objetivos, por exemplo, os tecidos inteligentes e os *wearable computers.* As tecnologias tornam-se protagonistas, promovendo mudanças nítidas nos trabalhos recentes de estilistas das mais diversas formações.

Esse último capítulo analisa, também, a mudança de paradigmas associada a essas novas tecnologias. O "novo" surge quando vinculado à moda mais experimental, em criações que constituem notáveis espetáculos nas passarelas, mas que se apresentam extremamente relevantes para a compreensão da atualidade, ainda que muitos desses criadores/estilistas não participem da grande dinâmica da indústria ou sejam por ela afastados.

1. Significado do termo "moda"

A análise da moda requer o estudo dos vários fatores que a compõem, bem como do contexto em que ela atua. Inicialmente, observemos seu significado.

Quando pensamos em moda, temos em mente um conceito usualmente aceito por uma grande maioria. Podemos associar o termo a inúmeros itens de nosso cotidiano: desde objetos de consumo (a marca do automóvel) e utensílios (o modelo de determinado eletrodoméstico) até usos e costumes culturais (uma música, um estilo musical ou literário) e a própria comunicação (gírias, estrangeirismos). Quase tudo pode "estar na moda". Na atualidade, todavia, o uso habitual dessa palavra quase a transformou num sinônimo do universo que engloba roupas, acessórios, cosméticos e perfumes.

Reuniremos aqui duas definições de "moda": sua significação etimológica e aquela proveniente dos pensadores da moda, especialmente sociólogos. As duas definições, em conjunto, explicitam as consequências do aparecimento da indústria da moda, legitimada no século XIX no Ocidente capitalista. Buscaremos então analisar o que leva à difusão de determinado item, ou comportamento, para uma maioria, bem como esclarecer possíveis equívocos hoje amplamente disseminados.

1.1 Significado etimológico

Nossa primeira compreensão do termo 'moda' possivelmente resume-se àquela encontrada no dicionário como:

> (...) maneira, gênero, estilo prevalente (de vestuário, conduta etc.); conjunto de opiniões, gostos e apreciações críticas, assim como modos de agir, viver e sentir coletivos, aceitos por determinado grupo humano num dado momento histórico (...) um grande interesse, fixação, mania.[1]

Ainda segundo o mesmo dicionário, o radical "mod" vem de *modus*, do latim, que significa:

> (...) "medida", sentido geral de que derivam sentidos especiais: "medida de superfície" (a medida de capacidade exprime-se pelo der. *modìus*), e sobretudo "medida agrária (*modus agri*)"; do sentido moral e abstrato "medida que não se deve ultrapassar, moderação, meio-termo, comedimento"; na linguagem da retórica (...) do sentido de "medida", *modus* passou ao de "limite", e tb. ao de "maneira de (se) conduzir ou de (se) dirigir" e, por generalização, ao de "maneira, modo de fazer".

O termo significa algo que é feito "à maneira de", algo já entendido de forma coletiva, de conhecimento de uma maioria. Mas, ao mesmo tempo (e contraditoriamente), refere-se a algo específico, pois apresenta um referencial ainda não difundido amplamente. Como resolver esse problema? Vejamos a proposta sociológica.

1.2 Significado sociológico

Quando associada à vestimenta, a moda evoca simultaneamente dois aspectos: generalidade e especificidade. O primeiro é mais fácil de compreender, pois se refere ao que conhecemos de perto. Basta iniciar-se uma nova estação do ano para que vejamos as vitrines das lojas repletas de "novidades", nas quais, entretanto, percebemos um padrão estabelecido. Por exemplo, em determinadas épocas é inevitável a presença de saias amplas, com babados e estampas florais.

---

1 *Dicionário Houaiss*, 2001.

Compreender o termo "moda" equivale a entender a dinâmica social de imitação e de especificação que ocorre desde o século XV. De acordo com o *Dicionário Houaiss da Língua Portuguesa*, o termo surge no Ocidente exatamente naquele século, durante o Renascimento. Também para historiadores da moda (Boucher, 1996; Baudot, 2002; Laver, 1989), a dinâmica de imitação e especificação/individualização surge no mesmo período.

De acordo com Simmel (1971), em livro escrito em 1904, moda é a imitação de um dado modelo que satisfaz a demanda pela adaptação social. "Moda" é um evento social próprio da sociedade moderna, e não algo exclusivo da contemporaneidade. O fundamental, para nós, é a nova acepção que o termo passa a ter com a sociedade capitalista, obviamente, de consumo e de classes do século XIX. A partir desse século, "moda" passa a ser compreendida como algo muito mais ligado ao vestuário, pois é justamente nessa época que vemos o surgimento da indústria da moda. Mas a "moda" que buscamos analisar é, na verdade, aquela sistematizada, conforme será focalizado em detalhe no próximo capítulo. Assim, é importante atentar para a diferença entre "moda como dinâmica" e "moda sistematizada pela indústria".

Gabriel Tarde (citado em Souza, 1987) evoca o "espírito da moda" no século XIX: a ideia de imitação já está embutida no ser humano, mas toma novo significado na sociedade de classes. Antes, imitavam-se os modos, os hábitos e as roupas presentes no núcleo familiar, mas a partir da dinâmica social formadora dos grandes centros urbanos no Ocidente, passa-se a imitar o comportamento e o modo de vestir de pessoas desconhecidas, observadas nas ruas da cidade. É um período no qual a família, o nome e seu passado estão começando a perder força ao abrir espaço para a sociedade de classes que passa a se estabelecer. Essa mudança, cristalizada na imitação de pessoas estranhas observadas nas ruas, confirma a perda de um dos aspectos da vida familiar e inaugura um tempo em que a efemeridade dos valores, agora flutuantes, vai prevalecer. Logo, essa identificação fora do círculo familiar será a prática corrente em nossos dias e caracterizará a moda contemporânea, especialmente desde Yves Saint-Laurent, na década de 1960. Esse estilista, por exemplo, trouxe para a alta-costura a jaqueta de couro de tribos urbanas[2] como os *rockers*.[3] Além disso, a imitação torna-se uma prática coletiva em que o indivíduo busca identificação com o grupo – reconhecida como fator fundamental para a sua sobrevivência.

A moda é uma forma de introduzir mudanças institucionais que, sem ela, ocorreriam muito lentamente. De acordo com Abbagnano, a "moda" contém essas mudanças, que se dão por meio de uma rápida comunicação e assimilação de

> (...) atitudes e crenças novas que, sem a moda, deveriam combater por muito tempo para sobreviver e fazer-se valer. Essa razão específica pela qual a moda age como um controle que limita ou enfraquece os controles da tradição torna inútil qualquer exaltação e qualquer desdém em relação à moda. (Abbagnano, 2003, p. 676)

A roupa no século XX necessariamente pertence a um sistema de códigos advindos de nossa história individual e coletiva, de nossa experimentação e confirmação comportamental, bem como das hierarquias e simbologias firmadas pelo capitalismo. Se "comportamento" significa, segundo Houaiss (2001), "re-

---

2 De acordo com Maffesoli (1998), tribos urbanas são agrupamentos que envolvem principalmente jovens nos centros urbanos, privilegiando "a função emocional e os mecanismos de identificação" a fim de estabelecer novas ligações (p. 106). São fenômenos grupais que surgem emocionalmente pela lógica da identidade, não apresentando nenhum tipo de fundamentação política. Esses eventos são descritos como uma teatralidade na qual, a cada momento, o indivíduo veste um figurino de acordo com seus gostos sexuais, culturais, religiosos e de amizade (p. 108). O neotribalismo "é caracterizado pela fluidez, pelos ajuntamentos pontuais e pela dispersão" (p. 107), constituindo relacionamentos frágeis, instáveis, temporários, de intensa vivência emocional. O prefixo 'neo' se deve ao fato de não apresentar as características do tribalismo tradicional, no qual as relações são mais duradouras e se dão fora do círculo familiar e de laços de parentesco (Featherstone, 1997, p. 166). Dessa forma, o indivíduo pode se ligar a uma comunidade "pela cultura, pela comunicação, pelo lazer e pela moda..." (Maffesoli, 1998, p. 114) em função da perda do sentido das instituições como família, Estado-nação e igreja (p. 109). Para Featherstone (1997, p. 72), o neotribalismo ocorre em função de um "sentimento comum gerado por uma adesão emocional comum a um signo reconhecível por outros". O autor cita Bauman (1990, p. 434), que descreve a formação desse tipo de comunidade com base em gostos em comum. Assim como para Maffesoli, ele afirma que esses são laços intensos, ainda que frágeis, e, portanto, temporários, fazendo-se e desfazendo-se constantemente. As associações coletivas desse tipo se dão por afinidade de caráter e identidade. Essas tribos são hoje aceitas como parte de um todo, não mais marginalizadas. É a aceitação ou tolerância ao diferente (Featherstone 1997, p. 73).

3 Tribo urbana da década de 1960 cujos componentes se vestem com jaquetas de couro preto decorado com metais e insígnias pintadas a mão. Para Polhemus (1997, p. 57) esses jovens uniram a cultura da motocicleta com o rock'n'roll da época.

ação de um indivíduo, de um grupo ou de uma espécie ao complexo de fatores que compõe o seu meio ambiente", incluindo nossos sentimentos e necessidades íntimos, podemos assegurar que a roupa em relação ao corpo no século XX cumpre seu papel comportamental, uma vez que a moda se traduz na roupa que nos veste todos os dias. Com relação ao corpo, para Entwistle (2000, p. 1-7), esse é o ponto-chave entre a moda e a roupa em si, podendo servir como um verdadeiro dicionário para compreender o comportamento de algum grupo em determinado período. Portanto, a moda é o elemento primeiro que marca a mudança comportamental do corpo (especialmente na moda que dá ênfase ao conceito), mas também a difusão dessa mudança (moda comercial, ou seja, aquela que se apresenta mais pronta para a venda e para o uso mais rápido, ainda que esta também contenha o conceito). E ainda pode-se dizer que a moda introduz, através do elemento "novo", mudanças nos padrões do comportamento tradicional instituído há certo tempo e que aos poucos se tornou um hábito.

Esse "novo", isto é, novas ideias que refletem novos paradigmas, é um aspecto particular da nossa apresentação. Para Kathia Castilho, a caracterização de moda "sobrepõe-se ao corpo como suporte ideal da moda no qual esta constrói e consolida nossos desejos e crenças, atualizando nosso sistema de escritura e valores sociais, articulando e potencializando seu discurso sobre o corpo" (2002, p. 63).

Já em 1930, conforme Flugel (1966), a roupa era tratada como extensão do corpo em relação a nossos desejos, gostos e hábitos. Ele nos mostra como a roupa pode ser *lida* à luz da psicologia, funcionando como um agente e, ao mesmo tempo, intensificando a maneira pela qual nos relacionamos com aquilo que está ao nosso redor, aquilo de que fazemos parte. Nessa visão, a roupa funciona como uma parte de nós, pois nossos movimentos compartilham sua ação com aquilo que vai sobre nossa pele. A nossa cultura corporal fica impregnada na roupa, como se vê claramente no filme *O quarto do filho*, de Nanni Moretti.[4] Após o funeral do filho, o primeiro contato que o pai tem com a sua memória ocorre no momento em que entra no quarto do jovem, abre o seu guarda-roupa, toca suas roupas e percebe as marcas das dobras nos paletós, nas blusas, indicando que um corpo habitara aquelas roupas, ou seja, tais dobras são marcas particulares do filho.

4 Itália/França, 2001. Produção Warner Bros.

Nossa sensibilidade em relação à vestimenta é na verdade unificada, pois sentimos também através de nossa pele, graças "às mais variadas sortes de consciência de materiais e cores" (McLuhan, 1964, p. 143). Também é associado à roupa um efeito óptico, fornecido pela imagem, que comunica a identidade de quem a veste. Essa imagem comunicada pode ser transmitida e compreendida de inúmeras maneiras à medida que a existência de padrões vai se pluralizando e se diluindo em função de uma sociedade híbrida, fundamentada nos aparatos digitais.

Para McLuhan (1964), Flugel (1966) e Elizabeth Wilson (1992), a roupa, além de funcionar como um mecanismo de controle térmico, também enfatiza a função de definição do ser social. Devido ao fato de constituir uma comunicação da cultura pessoal, a moda envolve fatores de "integração" ou de "exclusão" social e de hierarquia de valores, obtidos principalmente pela dinâmica da sociedade de consumo.

Mas lembremos que, ainda na segunda proposta de significação de "moda", o termo se refere à singularidade, ao particular, ao peculiar, isto é, à *diferenciação*. Ora, a moda, assim como apontou Simmel (1971, p. 296), é a renovação através do diferente. Se é diferente, só pode sê-lo em relação a algo que já se conhece. Logo, *diferente* culminará, para a moda, na busca constante pelo novo. Como Simmel salienta (p. 302), na moda mata-se para sobreviver: assim que algo se torna de uso de uma maioria, a moda o refuta para propor um novo dado.

Em outros termos:

> O paradoxo da moda está em que todo mundo tenta, ao mesmo tempo, ser igual e diferente de seus companheiros: parecer-se a eles no que se refere à sua superioridade, não se parecer a eles (no sentido de estar mais na "moda") nos aspectos em que os julgam inferiores. Flugel (1966, p. 127)

Nessa dialética, somos todos "líderes de moda" quando nos individualizamos através da busca de algo que seja extremamente particular, mas somos "seguidores de moda" quando nos conformamos a padrões estabelecidos. E diante de tal busca da particularização é que se inscreve a inspiração da moda atual. Para tanto, nas pesquisas feitas pelos criadores nas ruas e no cotidiano de uma sociedade, seja ela qual for, o diferente se estabelece diante daquele que cria, em relação ao seu conhecimento, ao traduzir-se para o "seu" modo através de novas justaposições de formas, volumes, tecidos e cores.

A moda tem uma necessidade intrínseca de difusão, pois, caso contrário, não seria moda no sentido coletivo. É o que aponta Simmel (1971, p. 302) quando afirma que na medida em que a moda se difunde, ela morre. Caldas (2004, p. 47) compartilha da mesma ideia, pois afirma que "toda inovação no campo cultural perderia suas qualidades originais além de um certo limite de difusão. Assim, a perda de significado seria diretamente proporcional à expansão do fenômeno". Para esse autor (p. 49), assim como para Simmel (1971), Troy (2003) e Lipovetsky (1989; 2003), a moda é uma constante tensão entre a distinção e a imitação.

Nessa mesma ideia dialética, Nancy Troy (2003, p. 74) comenta que a moda "requer o mesmo peso não apenas entre novidade e tradição, mas, também, entre distinção e conformidade: a necessidade da visibilidade e a determinação de não ser visto".[5] E ao mesmo tempo em que a moda deve ser copiada para ser chamada de moda, a própria indústria estabelece o fim do período da cópia, preparando a todos para que recebam as suas novidades.

A mulher não deve seguir a moda como uma escrava, mas de maneira apropriada, de acordo com suas necessidades pessoais, segundo Poiret. Bidou (um escritor de artigos sobre moda do começo do século XX) aponta que "A elegância segue a moda, e o bom tom segue o gosto"[6]. Em outras palavras, repete-se a famosa frase de Mme. Chanel: "A moda muda. O estilo permanece".[7] Mas, de qualquer maneira, Bidou ainda reconhece a efemeridade da moda, assim como Baudelaire em *O pintor da vida moderna*, uma vez que a moda é eternamente efêmera, marcando lugar apenas na memória dos indivíduos. Essa mesma dialética é proposta por Simmel ao enfatizar a imagem como algo marcante na memória, e ele reconhece que a partir da imagem marcada na memória é possível resgatar fatos da dinâmica social (1971). Coloca, assim, a moda como fator fundamental para a história da civilização.

Para Baudelaire, a moda é o fator transitório do belo *presente*, em contrapartida ao belo *eterno* e *absoluto*. Diante disso, o que torna mais fácil aceitar o novo é esse caráter transitório:

---

5 "the dialetical workings of the logic of fashion, which requires a carefully calibrated oscillation not only between novelty and tradition, but between distinction and conformity, the quest for visibility and the determination not to be seen".

6 Em *Gazette du bon ton*, por Henry Bidou, n. 1, nov. 1912, citado em Troy, 2003, p. 75.

7 No programa da peça *Mademoiselle Chanel*, apresentada no Teatro FAAP, São Paulo. Direção de Jorge Takla, maio de 2004.

> O belo é constituído por um elemento eterno, invariável, cuja quantidade é excessivamente difícil de determinar, e de um elemento relativo, circunstancial, que será, se quisermos, sucessivamente ou combinadamente, a época, a moda, a moral, a paixão. Sem esse segundo elemento, que é como invólucro aprazível, palpitante, aperitivo do divino manjar, o primeiro elemento seria indigerível, inapreciável, não adaptado e não apropriado à natureza humana. (1996, p. 10)

Tal é sua visão da moda; algo que "flutua na superfície do cérebro humano", mas que, no entanto, demora muito tempo para ser construído. E mais, é algo que é charmoso ou "relativamente charmoso", pois é um fator que varia de tempos em tempos, contendo um pouco de elementos reconhecíveis e um tanto de inesperados (constituindo a novidade em algo que quase sempre causa um desconforto na sua primeira aparição, mas que logo se torna aceitável por uma grande maioria). Assim, moda é "como uma sublime distorção da natureza, ou como um esforço de renovação constante e permanente da natureza" (Baudelaire, citado em Troy, 2003, p. 79).

Como podemos detectar em todos os autores aqui citados, a questão do "novo" é fundamental para garantir a continuidade da dinâmica da moda. O que parece interessante é que esse novo, para ser tomado como moda (e assim difundido), deve ser um novo com elementos reconhecíveis, como afirmou Troy – um pouco de novidade, um pouco de tradição. Essa consideração é fundamental, pois, na medida em que o novo não apresente elementos reconhecíveis, aumentará a dificuldade de assimilação, e sua difusão será imprevisível. Esse dado "novo" na indústria da moda possui quase sempre elementos do cotidiano justapostos de maneira diferente, mas ainda reconhecível.

Do mesmo modo, a questão do "novo" na moda confunde-se com a dinâmica capitalista de inovar constantemente. E levando-se em conta seu significado etimológico, podemos perceber que a moda apenas começava a surgir no século XV, pois sua sistematização, como moda sobre o corpo, surge juntamente com a sociedade de classes. No entanto, na atualidade, a moda continua valendo-se do caráter do novo, mas em duas diferentes instâncias: o novo mais reconhecível que traz organizações simbólicas mais próximas do sistema simbólico que compartilhamos – o comercial – e o novo que incomoda, desconforta, repudia, o que provoca riso e que nos parece extremamente estranho, isto é, sem elementos ou composições imediatamente reconhecíveis – o conceitual ou experimental. Esse "novo" é um aspecto particular da nossa apresentação. Para Kathia Castilho, o que caracteriza a moda é que ela "sobrepõe-se ao corpo como suporte ideal da moda no qual esta constrói e consolida nossos desejos e crenças, atualizando nosso sistema de escritura e valores sociais, articulando e potencializando seu discurso sobre o corpo" (2002, p. 63).

A roupa faz parte de nossa cultura corporal como extensão da nossa pele. É assim que entende McLuhan, seja como mecanismo térmico, seja como "um meio de definição do ser social" (1964, p. 140). A roupa compõe nossa imagem concebendo-nos como um ser social (Wilson, em Ash, 1992, p. 4), tornando o corpo humano culturalmente visível.

Por outro lado, o "fazer" da moda (*fashion*), segundo Malcolm Barnard (2003, p. 23-5), está relacionado a uma atividade, a algo que antes fazíamos e que hoje nós usamos. Para esse autor, nossas relações sociais estão refletidas na relação que estabelecemos com as coisas: "a moda e a indumentária podem ser as formas mais significativas pelas quais são construídas, experimentadas e compreendidas as relações sociais entre as pessoas". Relações essas que se dão, em grande parte das vezes, através do corpo vestido.

Um corpo que tem um certo compromisso moral com regras sociais, tendo que se ajustar a elas, e, ao mesmo tempo, um corpo que busca sua individualização a partir daquilo que veste. É o paradoxo da moda apontado por Troy (como já vimos) – um equilíbrio entre "novidade", e "tradição", em que a diferenciação é levada em conta.

É necessário buscar a diferença hoje e enfrentá-la todos os dias. Diferenças que se formam e se desestruturam com uma frequência muito maior do que no século XIX, dadas pelo processo globalizatório e por suas redes comunicacionais.

Nessa questão da identidade, a moda aparece como um dos primeiros fatores de distinção a partir do século XIX. Na sociedade burguesa industrial, em que os critérios de julgamento são flutuantes (Souza, 1987, p. 113), a constante e rápida renovação garante a segmentação dos grupos, principalmente das classes. No entanto, não é apenas a classe que é levada em conta, especialmente na sociedade globalizada. Com a dificuldade cada vez maior de estabelecer referências de comportamento restritas, em virtude da complexidade cultural em que todos os elementos permeiam uns aos outros, o sujeito se vê perdido numa dinâmica que oferece de tudo (propaganda), exceto uma solução para concretizar a identidade. E essa complexidade, no âmbito da moda, torna-se mais intensa quando a oferta de possibilidades se faz para o corpo, para sua apresentação social.

Villaça (2002) e Santaella (2004) discutem a crise do sujeito. Para a primeira autora, o sujeito se vê perdido frente ao abarrotamento de imagens de vida que nos são oferecidas pelo consumo. A indústria da moda participa desse contexto trazendo não só a roupa, mas também o universo gestual, discursivo, no lazer, na comida e na bebida (Villaça, 2002, p. 97). Isso porque a moda na indústria é voltada para o consumo – que é um processo sociocultural –, estabelecendo assim hierarquias (de gosto, de gênero, de classe, de modos, de escolhas e de materiais, entre outras), como é próprio do sistema capitalista. De acordo com Santaella (2004, p. 23), entretanto, não podemos negar que "é sobre esse material bruto do "corpo" que a cultura trabalha sua constituição de subjetividade".

Nessa formação da subjetividade, que marca a identidade, a moda pode agregar símbolos, transpondo a questão das leis – se olharmos sob o ponto de vista da criação. Isso também porque o design, assim como as artes de maneira geral, vale-se de referências, quaisquer que sejam elas, filtrando-as pela subjetividade de cada criador. O objeto que ali se apresenta – e aqui destaquemos a roupa e todo tipo de objeto no qual o suporte é o corpo – é a maneira particular de o designer compreender o mundo. Por sua vez, o consumidor altera esse objeto com a conformação de seu corpo, com a postura, os gestos e a maneira de compor toda a sua imagem.

Ora, um certo vestido preto pode ter um significado específico quando está no cabide; quando no corpo de dois indivíduos diferentes, ele passa a conter mais significados, pois a ele agrega-se a cultura corporal de cada um. Além do mais, os sapatos, a bolsa, as calças que podem ser usadas sob esse vestido e o corte de cabelo podem transformá-lo quase que completamente. Para Bourdieu (1984), em rigoroso estudo sobre diferenciação entre classes sociais e estilos de vida, a questão da aparência vai muito além da roupa que se exibe. As nossas diferenças podem tornar-se notáveis pelas roupas que usamos, mas não apenas isso. Além das nossas diferenças biológicas corporais, ainda devemos levar em conta aquelas que se fazem por gestos, postura e comportamento, os quais expressam de forma significativa a nossa relação com o mundo social. Assim:

> A esses dados somamos todas as modificações deliberadas de aparência, especialmente pelo uso de um conjunto de marcas – cosméticas (estilo de penteado, maquiagem, bigode, costeletas etc.) ou vestimentárias – as quais, por dependerem do significado econômico e cultural que nelas pode ser investido, funcionam como marcas sociais que transferem seu significado e valor de sua posição no sistema de sinais de distinção que constituem e que é homólogo ao sistema de posições sociais. (Bourdieu 1984, p. 192)[8]

Trata-se de como esses objetos de significado social são incorporados e de que forma são usados. Atualmente, presenciamos diversos significados que vão além da posição social, mas também de gosto, de cultura, de atividades que nos definem como um indivíduo na sociedade de consumo. Somam-se a isso as diversas possibilidades de apropriação dos objetos e da gama de opções oferecidas pelo mercado de forma cada vez mais pluralizada e complexa.

Mas será que a pluralização da moda, isto é, a explosão de novos criadores e de desfiles pelo mundo, significa uma democratização? Se pensarmos em liberdade de expressão, deveremos crer que isso significaria a possibilidade de um indivíduo criar e produzir suas próprias roupas e sua maneira de vestir, sem modelos anteriores por parte de um sistema estabelecido pela indústria da moda. Contudo, a realidade não é simples assim, pois a imitação é inerente ao ser humano. Imitamos desde o início de nossa existência, uma vez que reproduzimos modelos como pai e mãe ou pessoas que nos rodeiam desde a infância.[9]

Na década de 1960, jovens ocidentais passaram a buscar roupas alternativas, fora do sistema da moda, disponíveis nos "brechós", nos guarda-roupas das avós e em culturas não ocidentais. Quando a indústria da moda percebeu a força e a criatividade dessa situação, passou a adotar novos parâmetros e a incorporar esses jovens em seu sistema. É nesse período que surgem os estilistas ou criadores industriais (Baudot, 2002), tais como Castelbajac e Emmanuelle Khanh, entre outros. A partir daí, a indústria da moda passa a incorporar todo

8 "To these are added all the deliberate modifications of appearance, especially by use of set of marks – cosmetics (hairstyle, make-up, berd, moustache, whiskers etc.) or vestimentary – which, because they depend on the economic and cultural means that can be invested in them, function as social markers deriving their meaning and value from their position in the system of distinctive signs which they constitute and which is itself homologous with the system of social position." (1984, p. 192)

9 No entanto, cabe lembrar que nem sempre a indústria da moda estabeleceu padrões – é o caso das tribos urbanas, tão estudadas por Ted Polhemus (1994; 1996).

e qualquer movimento, compreendendo que olhar para o cotidiano é perceber a possibilidade de novos nichos de mercado. Com isso abre-se caminho para a participação de um verdadeiro 'exército' de pesquisadores que percorrem o mundo todo em busca do surgimento de novos grupos, novas ideias ou até mesmo algum detalhe que pode ter, até agora, passado despercebido. Pesquisadores com esse perfil são capazes de integrar um escritório de estilo, assim como um departamento similar, dentro de alguma empresa de confecção.

Porém, a moda atual não diz respeito apenas à diferenciação de classes, mas também à construção simbólica que forma as identidades na sociedade de consumo. Christopher Lasch (citado em Wilson, 1985, p. 192) mostra que, para o ator da sociedade de consumo, "a única realidade é a identidade que ele pode construir a partir dos materiais que lhe são fornecidos pela publicidade e pela cultura de massas, pelos temas dos filmes e da ficção popular, e pelos fragmentos arrancados a uma vasta extensão de tradição cultural".[10]

A moda é um aparato extremamente relevante para essa formação da identidade na sociedade atual, em que a complexidade cultural se intensifica cada vez mais. Ora, se globalizar significa antes de tudo detectarmos diferenças para nos tornarmos competitivos no mercado internacional, a sociedade globalizada vai refletir-se na segmentação do mercado, inclusive no de moda.[11]

No entanto, será que isso significa uma "democratização" da moda? Para Lipovetsky, a democratização da moda está ligada ao fato de que não apenas a classe alta pode se valer das novidades, mas as outras classes também. Estas podem copiar modelos, ainda que de forma precária, graças ao acesso a uma ampla variedade de materiais e maquinários, bem como a meios de informações maciçamente difundidos, tais como revistas, o cinema e a fotografia. Isso pode ser visto como uma democratização, mas também como uma nova imposição da dinâmica do consumo, uma vez, que através dos produtos oferecidos, é possível encontrar uma hierarquia (de classe, de gosto, de estilo ou de gênero, entre outras). Flugel (1966, p. 128) questiona essa "democratização" mostrando que "quando todo homem é tão bom quanto seu companheiro, não há camadas sociais superiores a imitar, e pode parecer que a carreira da moda deva acabar...".

E assim a moda se mostra cada vez mais forte, assumindo um papel impor-

10 Na verdade, as atividades triviais da vida, como comer, beber e vestir-se, tomam corpo e se transformam em produtos das mais variadas formas (Barbosa, 2004, p. 13), sendo a elas atribuídas simbologias que farão parte da formação de nossa identidade.

11 Essa discussão será abordada mais adiante, no capítulo "Moda e globalização".

tante em muitas economias. Será a moda fundamentada na ideia de sociedade aristocrática, em que todos desejam ascender ao mais alto nível social? Sem dúvida, ela se firma na questão das diferenças, sejam elas quais forem. Na atualidade, além da distinção social ainda presente, temos também a particularização do modo de vida, a qual também enriquece as criações de moda e seus mercados.

Interessante notar a atuação de alguns estilistas belgas que tentam subverter a grande indústria da moda, embora alguns acabem, afinal, rendendo-se a ela. Raf Simons é um estilista que ainda resiste, apresentando em seus desfiles pessoas não profissionais, escolhidas nas ruas (Jones & Mair, 2003, p. 412). Simons tenta subverter a sistemática da indústria da moda, fazendo peça por peça, sem levar em conta a ideia da produção em massa. Sua prática levará em breve ao lançamento de peças fora dos calendários oficiais de moda, substituindo a secular sazonalidade por um constante surgimento de novidades. De certa maneira já vivemos assim, pois, tanto nos shopping centers como nas lojas de rua, chegam peças novas constantemente, ainda que lançadas como coleção sazonal nos desfiles ou segundo a lógica dos "seis meses".

Essa dinâmica conhecida e descrita por Frings no livro *Fashion – from concept to consumer* (1999) coloca o ciclo da moda subdividindo-o em cinco etapas: introdução, início da popularização, auge da popularização, declínio e rejeição. A moda atual caracteriza-se por seus elementos ligados ao vestuário, ao corpo e ao comportamento desse corpo, e sua ação é sistematizada nas formas de abordagem ao consumidor, tal como afirmou Frings. Essa sistematização reflete-se num refinamento nas estratégias de produção e venda, muito característico da moda atual. Mas para entender essa "moda atual" são necessários esclarecimentos sobre a evolução e a construção da indústria da moda durante o século XX.

2. Organização da indústria da moda

Compreender a organização da indústria da moda é fundamental para o correto entendimento de sua dinâmica atual. Muito diferente de seu perfil no início da sociedade urbana ocidental do século XIX, a moda contemporânea apresenta-se mais diversificada e profissionalizada, ainda que carregue referências de pouco mais de um século. Para o cenário contemporâneo, proporemos uma nova conceituação, reorganizando e dividindo a indústria da moda em quatro níveis fundamentais:

1. Alta-costura;
2. Alta moda, que inclui *couture essentiel*;
3. Prêt-à-porter, que inclui o luxo e a difusão;
4. Indústria da cópia.

Para compreender nossa proposição, é necessário explicitar o surgimento da moda atual a partir daquilo que muitos historiadores (Boucher, 1996; Baudot, 2002; Laver, 1989; Mendes & De La Haye, 1999) apresentam como o grande marco: o surgimento da alta-costura e da indústria de massa – um binômio que marcará a moda até a atualidade, mas que se reorganizará nesse período de cem anos. A descrição de Lipovetsky (1989, p. 70) é esclarecedora. Para ele, a moda é monocéfala, ainda que bipolar, pois a alta-costura institui os padrões estéticos, e a indústria de massa tenta, até a primeira metade do século XX, copiar suas criações, difundindo o gosto pelas frivolidades.

No início do século XX, como reflexo da Revolução Industrial, a indústria de massa produzia roupas prontas em grande quantidade e, muitas vezes, buscava copiar aquela que regia os gostos e servia como ferramenta para as separações de classe – a alta-costura. De acordo com Boucher (1996, p. 388), muitos tecidos eram de má qualidade, não chegando aos pés daqueles utilizados pela alta-costura, e as cópias poucas vezes contavam com o corte primoroso e a costura impecável dos costureiros renomados. É inegável que a apresentação das roupas da alta-costura proporcionava um verdadeiro desfile de novidades, intensificando a competição entre os círculos sociais com o estabelecimento de um eterno confronto entre os ascendentes e os tradicionais, solidamente estabelecidos.

A moda legitima-se nesse período e se transforma em uma verdadeira indústria burocrática (Lipovetsky, 1989). Antes disso, no longo período entre a Idade Média e o século XIX, a questão da vestimenta restringia-se à nobreza, às famílias reais e a alguns poucos burgueses comerciais. O restante se contentava em seguir, com um pouco de atraso, as tendências impostas pela nobreza, enquanto a grande massa nem sequer sonhava com a imitação concreta (Grau, 2000, p. 30).

A sede dessa nova indústria é a cidade de Paris, com seus bulevares, cafés, teatros e cinemas, ornamentada com suas ruas iluminadas pela luz elétrica. A rua torna-se o lugar principal da competição e da exibição, forçando as elites a criarem elementos de diferenciação antes restritos, de acordo com os lugares e vestimentas, gerando uma reorganização nos espaços públicos e na própria dinâmica da moda. As pessoas nunca haviam estado tão próximas umas das outras por longos períodos de tempo. Agora, conviviam nos bondes e nos vagões de trens, o que as obrigava a olhar umas para as outras, durante horas, sem se falarem (Wilson, 1985, p. 183).

A partir de meados da década de 1950 (Boucher, 1996; Baudot, 2002), ocorre uma nova revolução nesse sistema que provoca uma grande mudança no mercado do vestuário: o prêt-à-porter. E a partir da década de 1980 passam a acontecer fusões entre grupos financeiros internacionais e donos de marcas, estas, até então, reduzidas a negócios familiares.

No entanto, ainda é necessário esclarecer a constituição da indústria do luxo, que envolve a alta-costura, a alta moda e o prêt-à-porter, para depois sim explicar cada item proposto.

2.1 Alguns esclarecimentos sobre a indústria do luxo

O filósofo Gilles Lipovetsky publicou em 2003 *Le luxe éternel*, no qual analisa e justifica, de maneira consistente, a evolução do luxo na sociedade ocidental.

Sob essa visão, a indústria do luxo começa a surgir com a sociedade burguesa industrial, em meados do século XVIII. Tal sociedade, com suas novas formas de organização de classes sociais, a mobilidade social intensa e a possibilidade de acumulação de capital, favorece a criação de um mercado de luxo jamais visto anteriormente, ao passo que a moda é uma das primeiras áreas a inaugurar esse "luxo moderno". A alta-costura abre, com sua história, essa conceituação, por constituir o primeiro índice do luxo dentro da indústria da moda que se firma nesse período.

Gilles Lipovetsky defende a tese de que o gosto pelo luxo pode ser visto até mesmo nas civilizações antigas – tanto em tribos indígenas como no Egito dos faraós. Nessa perspectiva, o luxo era ligado ao *sagrado*, ao ritual em que se oferecia o que a terra e o homem podiam criar de melhor. Tudo com o intuito de restabelecer a ordem do cosmos, agradando os deuses e rogando pela paz na Terra, para, assim, garantir a sobrevivência, especialmente com as rezas por uma boa colheita e por tudo o que envolve as necessidades vitais do homem.

O cacique e o rei – como os faraós, por exemplo – eram os representantes dos deuses na Terra, os seus comunicadores. Acreditava-se, portanto, que deveriam estar sempre rodeados daquilo que existia de melhor na Terra, daquilo que garantisse a sua plena sobrevivência, a sua prosperidade. O excesso e o luxo estavam presentes nos objetos e nos rituais oferecidos aos deuses como prece por longevidade.

A partir do Renascimento, o valor do sagrado se perdeu, e o que permanece é a ideia de excesso, de luxo para as altas classes. A sociedade hierárquica e estamental é substituída por outra, com mobilidade social.

A celebração de rituais sagrados, ainda hoje, pode representar resquícios dessa dinâmica do passado. Lipovetsky[12] cita o Natal e a Páscoa como herança cultural dos rituais antigos em que se come muito e celebra-se algo já não mais significativamente sagrado, como no passado. No entanto, a ideia de obtenção do luxo, de ostentação, como diferenciação de classe social, exacerba-se a partir da sociedade burguesa, na qual se intensifica a produção de objetos

12 Palestra apresentada na FAAP, São Paulo, em 24.8.2004.

raros e quase únicos na tentativa de diferenciação entre classes, tornada possível pela acumulação de capital e pela vida nas metrópoles. O autor refere-se, agora, à vida nas cidades, pois é nelas que o luxo se torna mais visível e serve como objeto de desejo e, consequentemente, de cópia.

Com o estabelecimento da sociedade de classes, o luxo deixa de ser obrigatoriamente associado ao nascimento (nobreza, aristocracia), e o corpo torna-se um importante critério para a diferenciação de classe e a ostentação, como afirma Gilda de Melo e Souza em *O espírito das roupas* (1987). A moda espetaculariza o âmbito social, colocando o corpo em cena de maneira enfática. Para Wilson (1985, p. 185),

> (...) passou a ser fundamental ler o caráter e a proclividade nesses pormenores que eram imediatamente perceptíveis. Novos "códigos de vestuário", mais complicados, apareceram, porque na metrópole toda a gente andava disfarçada, incógnita, no entanto, ao mesmo tempo, um indivíduo era cada vez mais aquilo que vestia.

Daí em diante, o luxo da vestimenta se aliaria ao capricho estético em busca de um efeito lúdico. Prioriza-se o excesso, o desperdício, o presente como resultado do gosto pela novidade. Junto à moda aparece então a primeira grande figura de um luxo absolutamente moderno, superficial e gratuito, além de móvel (Lipovetsky, 2003, p. 43-44). "Tudo do novo, tudo belo"[13] são suas palavras sobre essa nova sociedade moderna ocidental.

É o gosto pela imitação e o gosto pela mudança. Conformismo e individualismo. Depois da Idade Média, aparece o retrato, a paixão pela glória, a autobiografia. A moda é mais uma manifestação da particularidade do indivíduo. A moda é o novo grande dispositivo do luxo, ela deriva mais do consumo ostentatório e das mudanças econômicas do que da transformação do imaginário cultural (Lipovetsky, 2003, p. 45).

Lipovetsky (2003, p. 48) nos fornece uma clara visão sobre o luxo relacionado à moda. A idade do ouro para a alta-costura se estende, para esse autor, por cem anos – de 1860 a 1960. A partir de Worth, o universo do luxo se encontra ligado a um nome, a uma individualidade excepcional, a uma casa comercial rica em prestígio. O produto de luxo é personalizado, sob medida, e nesse produto

13 "Tout nouveau, tout beau."

o nome e a genialidade do criador são cultuados. Além disso, não é apenas o material nobre que constitui o luxo, mas também a *aura* do nome e do renome das grandes *maisons*, o prestígio da grife, a magia da marca. Nos últimos vinte anos, essas grandes marcas foram se transformando em negócios internacionais, não mais nas mãos do criador, mas submetidas aos grandes grupos econômicos. A competição por prestígio não se dará apenas entre os componentes das classes superiores, mas, também, entre os produtores de bens de luxo.

2.1.1 O que é um produto de luxo?

De acordo com o Dicionário Houaiss, luxo significa:

> (...) maneira de viver caracterizada pela ostentação, por despesas excessivas, pela procura de comodidades caras e supérfluas, pelo gosto do fausto e desejo de ostentação; qualquer bem, objeto caro que origina despesas supérfluas, irracionais, desordenadas; caráter daquilo que é requintado, aprimorado, apurado (...) algo que aumenta o prazer e o conforto(...)

Para o presente trabalho, "luxo" remeterá à característica que leva um produto a ser sobrevalorizado em função principalmente de qualidade, raridade e/ou primor na confecção. Para uma análise da maneira pela qual o marketing compreende a indústria do luxo, remetemos às ideias de Danielle Allérès (1997) que se aproximam à indústria do luxo na França, berço da moda. Suas considerações são importantes por mostrarem como o luxo se segmentou e como tal segmentação é característica da globalização, por ampliar seu alcance por todo o globo e por aumentar sua capacidade de venda, não mais permanecendo restrito às classes extremamente privilegiadas.

Para Allérès, luxo significa prodigalidade de materiais e cores em produtos caracterizados por um fino artesanato, que celebra o "criador". Com o luxo, cultua-se a "celebridade de seu criador, em torno da qual são construídas a imagem e a notoriedade da marca e da empresa" (p. 173). E o produto luxuoso surge da criação inventiva que lhe confere originalidade de forma e de cores. Na moda, esse produto é feito com materiais raros, incomuns, nobres e dispendiosos, de qualidade perfeita, sob um modo de fabricação meticuloso que algumas vezes pode ser praticamente artesanal, ao requerer uma mão de obra altamente especializada. Assim, o produto luxuoso constitui, em geral, peça única. Esse tipo de produto envolve um cuidado extremo com circuitos de distribuição. Apresenta-se a partir de nomes de prestígio, com tradição, e torna-se um objeto inacessível. "Ele se basta em si mesmo", explica Lipovetsky (2003, p. 183).

O historiador Eric Hobsbawm (1977, p.242) também aponta essa personalidade adquirida pelo objeto no mundo burguês e que ainda pode ser levada em conta na atualidade, ao dizer que "os objetos eram mais do que meramente utilitários ou símbolos de *status* e de sucesso. Tinham valor em si mesmos como expressões de personalidade, como sendo o programa e a realidade da vida burguesa, e mesmo como transformadores do homem".

Os critérios que determinam o objeto como "de luxo" para o marketing englobam desde a embalagem e a riqueza na gama de cores até o nome e, obviamente, todas as estratégias de produção e distribuição.

Para vários autores (Lipovetsky, Allérès, a revista Eurostaff), bem como para os pesquisadores do marketing em geral, a indústria do luxo atual apresenta-se em três segmentos: o luxo inacessível, o inacessível acessível e o acessível. Essa é uma segmentação oriunda das estratégias de marketing relativas à logística, à qualidade e à relação preço-produto.[14]

Danielle Allérès discute todas as etapas que envolvem o processo de criação. Essas etapas formam uma sequência complexa, que se inicia no gosto do criador e envolve suas inspirações, das mais antigas às mais recentes, mas que passa também pelas sensações, pelos novos temas escolhidos a partir dos anteriores, pela cartela de cor, pelas texturas e maquetes de tecido, pelos tecidos em si, estampas e silhuetas finais. Esses passos são levados em conta e serão aplicados em uma gama de tecidos que pode ser extremamente vasta em termos de qualidade. A modelagem pode ser bi ou tridimensional, o corte e a costura poderão ser impecáveis ou até muito ruins. Além de todos esses fatores, o que determinará fundamentalmente um produto de moda – no caso das roupas – será sua criatividade, que vai direcioná-lo para a moda conceitual ou para a comercial.[15]

---

14 Este trabalho focaliza as teorias da cultura, e não a área de marketing, motivo pelo qual não discutiremos as estratégias desta última, apenas permitindo o estabelecimento de um critério para análises posteriores.

15 Maiores informações serão tratadas no capítulo 3, no subitem "Alguns esclarecimentos sobre a indústria da moda".

Na perspectiva mercadológica, é importante manter o consumidor fiel através de estratégias – por exemplo, as promoções. Os setores de atividade descritos por Danielle Allérès (1997, p. 17) não se restringem apenas à moda, tais como perfumes, beleza, alta-costura, prêt-à-porter de grandes criadores, peleteria, alta joalheria, bijuteria e acessórios, pois se referem também aos ambientes, como nas artes da decoração e da mesa – cristaleria, porcelana, faiança e ourivesaria. Para a autora, existe uma busca global por objetos de qualidade superior, busca essa que sempre existiu – ao menos se levarmos em conta as grandes navegações e as consequentes expansões ultramarinas. No entanto, nossa análise deve restringir-se à cidade que surge na era industrial, "um meio poderoso de criação das necessidades, ou seja, de difusão da informação orientada, necessária à manutenção da estrutura social existente" (Allérès, 2000, p. 24). A cidade, ao reunir os sujeitos protagonistas da sociedade de consumo, traz a possibilidade de transformação dos desejos em produtos, gera de forma intensa quase uma compulsão. Além disso, a diversificação dos produtos e a logística empregada são cada vez mais intensas, amparadas hoje por maquinários e mídias de tecnologia de ponta.

Lipovetsky (2003) desenvolve uma análise interessante sobre o conceito do luxo atual: além da ostentação, utilizada publicamente na diferenciação de classe, vivemos também aquilo que esse autor chama de "luxo emocional". Existe um prazer particular, privado, que se associa à posse de produtos de grandes marcas – Chanel, Louis Vuitton ou Dior, por exemplo. São emoções estéticas geradas com base nos objetos, e surgem onde tais produtos são mais acessíveis, em virtude daquilo que muitos têm denominado como a "democratização do luxo".

Uma bolsa Louis Vuitton pode custar, em lançamento, até sete vezes mais que outro modelo, também de extrema qualidade, mas de outra grife. Um objeto desse tipo é atualmente um ícone da indústria do luxo – hoje, cada vez mais concentrada em grupos poderosos. Atualmente, alguns grandes grupos controlam todo o mercado de luxo da moda. Os mais conhecidos são LVMH, o FALIC Group, Gucci, Prada e Marzotto. A LVMH (Louis Vuitton – Moët Henessy), criada em 1987, além de relógios e champanhas, controla catorze grifes de moda, como Emilio Pucci, Christian Dior, Givenchy, Kenzo e, obviamente, Louis Vuitton, entre outras. Christian Lacroix fazia parte desse seleto grupo até janeiro de 2005, quando foi vendida para o conglomerado norte-americano FALIC Group.

Na época, a LVMH declarou que estava vendendo as marcas deficitárias e concentrando-se nas mais rentáveis. O FALIC Group controla a cadeia de lojas Duty Free American e, além da Lacroix, já comprou duas marcas de cosméticos: Hard Candy e Urban Decay (anteriormente pertencentes à LVMH).

A Gucci é controlada pelo empresário François Pinault (do grupo Pinault-Printemps-Redoute e da casa de leilões Christies'), com 60 por cento da empresa, e tem como seu segundo maior acionista o grupo financeiro Crédit Lyonnais. Entre as grifes de moda, o grupo Gucci detém, além da grife homônima, Yves Saint-Laurent Rive Gauche, Balenciaga, Alexander McQueen e Stella McCartney. A Prada, controlada pelo casal Patrizio Bertelli e Miuccia Prada, controla a grife homônima e, entre outras, Helmut Lang, Azzedine Alaïa e Jil Sander. Já a Marzotto era, no século XIX, produtora de lã, mas com o tempo tornou-se uma indústria de fios e tecidos. Na década de 1980, passou a controlar outras grifes italianas e estrangeiras, agregando hoje marcas como Karl Lagerfeld, Gianfranco Ferré, Missoni e Valentino.

Como já vimos, trata-se de uma dinâmica que surge na década de 1980, quando grupos internacionais adquirem a direção das grandes marcas. Nessa nova dinâmica, os produtos de luxo são diversificados e ganham preços mais acessíveis. Na busca de analisar esse "luxo emocional", Allérès (2000, p. 93) afirma que os jovens entrevistados[16] em sua pesquisa preferem um modo de vida mais intimista e caloroso: apreciam idas ao cinema, encontros na casa de amigos com grupo restrito, e permanecem um bom tempo em casa, dedicando-se a atividades culturais que os meios de comunicação possam oferecer, como assistir a vídeos e navegar na Internet, por exemplo.

É importante ressaltar que o termo "luxo emocional" tem sido utilizado intensamente por profissionais do marketing. Trata-se de um conceito que reflete a sociedade de consumo ocidental dos países de primeiro mundo que vem sendo transportado para outros lugares e assim reflete equivocadamente o processo de globalização. Afinal, cada localidade possui particularidades oriundas de seu sistema de classe. Vejamos, agora, as categorias legitimadas da indústria do luxo.

---

16 De acordo com a autora, são "cem jovens estudantes, todos continuando seus estudos de três, quatro ou cinco anos de curso superior após o fim do 2º grau, e repartidos igualmente entre centros universitários e faculdades de todos os campos de conhecimento (ciências humanas, gerência – comércio, administração, engenharia) da região de Paris" (p. 81).

2.1.2 O luxo inacessível

O luxo inacessível é representado por produtos únicos, exclusivos, quase que totalmente artesanais, de materiais nobres e, no caso da moda, criados sob medida. São personalizados (Lipovetsky, 2003) e associados a nomes conhecidos e celebrados, como as grandes marcas da alta-costura. Aspectos como a tradição e o culto histórico da marca são fundamentais no seu marketing, mesmo que o nome não apareça na mídia de maneira intensa. Trata-se de objetos raros que procuram valorizar o passado da empresa (Allérès, 2000). Na moda, o luxo inacessível é representado pela alta-costura. Roupas únicas, feitas sob medida, com tecidos exclusivos e corte e costura perfeitos, alcançando preços altíssimos.

Para o filósofo Pierre Bourdieu, a ideia de luxo está ligada à questão das urgências de cada classe que são postas como "primeira necessidade". Segundo, esse autor, o que é luxo para uns, é necessidade para outros. Em outros termos, podemos dizer que

> o que é raro e constitui um luxo inacessível ou uma fantasia absurda para os ocupantes do nível anterior ou inferior torna-se banal ou comum, e se encontra relegado à ordem do necessário, do evidente, pelo aparecimento de novos consumos, mais raros e, portanto, mais distintivos. (em Ortiz, 1994b, p. 85)

Assim, algumas pessoas têm o hábito de adquirir um vestido da coleção de alta-costura da Dior a cada nova estação, transformando esse hábito numa necessidade. Para outras, adquirir um vestido da alta-costura é um evento extremamente luxuoso e praticamente único ao longo da vida.[17]

Vale lembrar que, atualmente, uma determinada tendência de moda permeia várias classes sociais. O que diferencia um produto é o material, o feitio, a cartela de cor e a marca, numa dinâmica existente desde o século XIX. Hoje, entretanto, essa dinâmica se encontra mais profissionalizada em virtude da especialização da indústria da cópia.[18] Além do mais, com a política de terceirização das confecções, muitas vezes o produto vendido sob determinada marca é encontrado também a preços mais acessíveis, sem a etiqueta de renome.

---

17 De acordo com Grau (2000, p. 12), o número de clientes da alta-costura passou de 20 mil em 1943 para 2 mil em 1970 e duzentos em 1990. Para Allérès (2002, p. 143), 50% são americanos, 25% do Oriente Médio, 22% europeus (exceto França) e de países asiáticos, e 3% franceses.

18 Tema que será abordado mais adiante, ainda neste capítulo.

2.1.3 O luxo inacessível acessível

O luxo inacessível acessível, ou intermediário, refere-se aos produtos que utilizam materiais nobres e dispõem de grande qualidade, mas que não têm seu acesso restrito pelo preço exagerado. Tais produtos não são exclusivos, mas sua produção é limitada. Não são únicos, mas também não são produzidos em larga escala. Sua difusão é "ampla, mas muito controlada" e sua comunicação "é muito seletiva" (Allérès, 2000, p. 174).

Para Danielle Allérès, esse tipo de produto é voltado para a *classe média*, na medida em que se faz necessária a cópia, mas essa cópia ainda reflete, entre outros fatores, a diferenciação de classe, de gosto e de originalidade. A originalidade mantém-se numa certa medida porque esses produtos, embora não sejam exclusivos, também não são amplamente produzidos em massa, todos iguais.[19]

Com relação à publicidade das marcas, já que as fronteiras entre países ainda são visíveis, é importante restringirmos a análise de Danielle Allérès ao cenário de seu país. Mas uma pergunta merece destaque: será que a propaganda das marcas internacionais deve construir-se de forma única em todos os países?

Muitos desses produtos derivam das marcas históricas e trazem o valor simbólico de uma marca confiável e conhecida internacionalmente, que trabalha seu nome e imprime em seus produtos a herança de um passado luxuoso, como Chanel e Dior, por exemplo. Paradoxalmente, outras marcas mais recentes passaram a integrar esse mercado do luxo, colocando-se no mercado internacional graças a estratégias de marketing e logística que seguem a trilha das empresas já históricas. Em geral, são marcas administradas pelos mesmos grupos que dirigem as grifes históricas e passam a contar com a mesma difusão, dispondo de um grande volume de capital e quase as mesmas estratégias adotadas pelas marcas mais antigas. Do mesmo modo, a pergunta se repete: tais estratégias de marketing são pensadas especificamente de acordo com cada país ou seguem uma abordagem que nivela a questão das classes de uma só maneira?

Os produtos de luxo envolvem uma distribuição estratégica e um grande conhecimento de marketing, com o intuito de criar o "inacessível acessível", já

19 É importante ressaltar que tipo de classe média é esse ao qual a autora francesa se refere. Ora, a classe média francesa detém uma renda média muito diferente daquela de países em desenvolvimento e ainda conta com o favorecimento do Estado, inexistente nos países mais pobres.

que existe um mercado de luxo intermediário e acessível (Lipovetsky 2003, p. 15). Na moda, o prêt-à-porter de luxo é muito bem representado por grandes marcas como Giorgio Armani, Max Mara e Versace. Tais marcas não fazem parte da alta-costura, mas criam produtos de altíssima qualidade, de marketing mais seletivo, sob produção e distribuição rigorosamente organizadas. Esse prêt-à-porter utiliza-se de várias lojas exclusivas ao redor do mundo e de megastores que permitem captar uma clientela cada vez maior. Cada marca dispõe de várias linhas de produto – é o caso da Giorgio Armani, organizada em três linhas principais (entre suas sete): Giorgio Armani, Emporio Armani e Armani Exchange, e a maioria ainda conta com forte linha de jeans. Nesse caso, não temos o luxo inacessível, uma vez que não se trata de alta-costura.

De acordo com a revista *Les Echos Études* (2002, p. 15), o prêt-à-porter da Dior é a marca que melhor representa essa nova dinâmica com uma performance mais ousada e, portanto, corre mais riscos. Nela todo o segmento se torna plural, pois o luxo se expande. Nesse sentido, não se dirige mais a um público extremamente restrito, mas parte em busca de um público diverso. A distribuição torna-se seletiva, porém permite o desenvolvimento de fórmulas de venda e novos conceitos de magazines (*e-commerce*, butiques *duty-free*), valendo-se das técnicas da grande distribuição. Duas tendências coabitam: banaliza-se o acesso ao luxo, e este desmitifica-se, embora reproduza a potência do sonho e da atração, pelas políticas de imagem. É mais uma vez do direito às coisas supérfluas que se fala.

Como diz Lipovetsky (2003, p. 49), ao mesmo tempo em que a alta-costura consagra a união entre o artesanato da arte e a indústria, os progressos da mecanização permitem a aparição de um semiluxo, destinado à classe média. É marcante o fato da atualidade apresentar, de um lado, o autêntico, o fora de série, o preço inacessível, e, de outro, a imitação degradada, padronizada e democratizada dos modelos. Notamos que a primeira forma de democratização do luxo coincide não com a difusão social de produtos ruins, mas com a propagação da cópia, do neoantigo e de artigos que compensam sua impessoalidade pela redundância – a ornamentação excessiva e a proliferação de elementos adicionados a um mesmo produto.

2.1.4 O luxo acessível

O luxo acessível é aquele que também descende das grandes marcas, embora seus produtos sejam mais baratos e de qualidade inferior, se comparados aos itens rigorosamente inacessíveis e aos intermediários. De acordo com Allérès (2000, p. 176), esses objetos são "fabricados em série, a custos menores, e têm imperativos de qualidade menos elevados: menos raros, menos originais, de linhas mais sóbrias e cores mais limitadas". São voltados para uma classe menos privilegiada, constituída por consumidores que quase desconhecem as marcas de luxo. A comunicação dos produtos é feita de forma intensa e não muito seletiva. Existe uma relação condizente entre qualidade e preço, dado que não se pode encarecer demais esse tipo de item, o que talvez "provoque o abandono do produto ou da marca" (Allérès, 2000, p. 176).

No luxo acessível, também temos todas as etapas criativas, fruto de pesquisa de comportamento e de tendências (temas, cores, tecidos, formas), mas tais etapas serão, sem dúvida, mais limitadas, em virtude de um objetivo básico – o preço mais baixo. Quanto mais cores houver numa estampa, mais caro será o tecido. E a exclusividade das cores também refletirá no preço, pois a pesquisa química para encontrar essa cor e aplicá-la exatamente num determinado tecido leva mais tempo e envolve mais experimentos e mais corantes, às vezes não disponíveis imediatamente.

Em resumo, podemos dizer que o produto de luxo – o verdadeiro luxo – continua sendo para poucos. E a estratégia aqui apontada, da diversificação da marca (luxo inacessível, luxo inacessível acessível e luxo acessível), é uma forma de conquistar mais consumidores através de estratégias de marketing.

Será essa categorização, aqui apresentada, aplicável para todos os países onde atuam as marcas "de luxo"? Mesmo assim, o assunto admite um outro questionamento: luxo acessível para quem? Cabe aí uma indicação de estudo não só para a sociologia, mas também para o marketing, a área que propôs essa categorização.

2.2 Alta-costura

A alta-costura surge no século XIX, por volta de 1860, com a primeira casa de criação de moda, do costureiro Charles Frederick Worth (1825-1895), em Paris.

O que diferencia a nova prática daquilo que se conhecia até então como *couture à façon* é que, nesta última, o profissional que produzia a peça de roupa não passava de um técnico utilizando o tecido e o desenho sugeridos pelo cliente (Troy, 2003, p. 21). A alta-costura aparecia como uma prática pela qual o costureiro se responsabilizava pela escolha do tecido, cuidava de toda a produção e distribuição e apresentava sua coleção em modelos vivos, submetida à escolha pelas clientes particulares e reproduzida sob rígidas leis e preços altos.

Worth é o primeiro nome conhecido na indústria da moda e, em seu trabalho já reconhecemos as dinâmicas da moda contemporânea. É umas das primeiras celebridades dessa área, justamente por ter passado a criar roupas sugerindo um modelo e não mais servindo apenas a reis e rainhas de acordo com seus desejos imperativos. Ele, além de vestir a imperatriz Eugênia, atendia a atrizes como Sarah Bernhardt e Eleonora Duse.

Seu começo foi simples. Worth iniciou como alfaiate em Paris, por volta de 1845, mas graças à sua insistência em vestir a princesa Pauline Von Metternich e ao "apadrinhamento" pela imperatriz Eugênia, foi lançado como costureiro das mulheres aristocráticas. Tornou-se um dos primeiros costureiros a atender simultaneamente várias mulheres, para as quais escolhia os tecidos, os ornamentos, o desenho e os detalhes do produto final (ibidem, p. 19).

É nesse momento que ocorre uma importante inversão de papéis. O costureiro passa praticamente a impor suas ideias de criação, não mais servindo tal qual um artesão comum. De acordo com Grau (2000, p. 34), Worth não se contenta, como as modistas, em realizar modelos em função do desejo de sua clientela; ele propõe, cria, impõe suas criações, seja para uma imperatriz, seja para uma *demi-mondaine*.

Worth assume um novo papel nessa sociedade de classes na qual, de acordo com Gilda de Melo e Souza (1987) e Gilles Lipovetsky (1989), o criador de moda se torna arrogante e tirano, impondo uma silhueta que traduz sua linguagem:

> De uma era em que a cliente coopera com a costureira a partir de um modelo em suma fixo, passou-se a uma era em que o vestuário é concebido, inventado de ponta a ponta pelo profissional em função de sua "inspiração" e de seu gosto. Enquanto a mulher tornou-se uma simples consumidora, ainda que de luxo, o costureiro, de artesão, transformou-se em artista soberano. (Lipovetsky, 1989, p. 92)

> A mulher não escolhe mais nem deseja escolher sua *toilette*, limita-se a procurar o tirano que, medindo-a de alto a baixo, decide por ela qual traje melhor lhe assenta (...) No círculo de aço das grandes casas de moda, as elites caem aprisionadas. (Souza, 1987, p. 140)

Além de tudo o que já se comentou aqui, Worth é o primeiro a colocar etiquetas com a sua assinatura nas peças produzidas. Depois dele, a ideia de se ter uma roupa feita por um(a) costureiro(a) de renome imperou durante muito tempo, por mais que a produção em massa avançasse, ainda que lentamente. Ellen Leopold (1992, p. 109) afirma que tais roupas despertavam um verdadeiro fascínio nas pessoas, por conterem uma aura de originalidade e individualidade. A alta classe e os arrivistas são, portanto, os únicos em condições de vestir roupas assinadas por esse costureiro.

Obviamente, tal dinâmica só será possível na sociedade urbano-industrial ocidental, em que a concentração de pessoas num espaço restrito – as ruas da cidade – e a acumulação de capital favorecem o surgimento da indústria da moda. Legitima-se, então, a vestimenta como diferenciador de classes e como elemento favorecedor do narcisismo. O surgimento sazonal de novidades e a apresentação de roupas em modelos vivos se estabelecem nesse contexto, contribuindo para o rápido crescimento dessa nova indústria. Exportação, cópia e intensificação dos desejos são fatores que logo ultrapassam as fronteiras francesas, difundindo o luxo a partir de Paris, de seus ateliês misteriosos e instigadores de fantasia, teatralizando os objetos de venda, de consumo.

> Ela [Lucile] trata suas apresentações como um encontro particular, um chá em ambiente doméstico, combinado com o conceito de 'um desfile de manequins, que seria tão divertido quanto assistir a uma peça'. Assim, ela constrói um pequeno palco ornamentado com cortinas de chiffon em seu *showroom* na loja na Praça Hanover, e contrata uma orquestra para tocar música enquanto suas manequins desfilam em vestidos que constam em um programa impresso. [20]

20 "[She] treats her presentations like a private tea party in a domestic setting but to combine that concept with 'the Idea of a mannequin parade, which would be as entertaining to watch as a play.' Accordingly, she built a miniature stage hung with chiffon curtains at one end of the showroom in her shop on Hanover Square, and hired an orchestra to play music while her mannequins paraded in gowns listed in printed program." (Troy, 2003, p. 91)

Poiret e Lucile, ambos criadores da alta-costura no final do século XIX, organizaram seus ateliês de maneira peculiar, com a intenção de particularizar as apresentações.

A alta-costura é um sistema protecionista de criação (registrada em sindicato), servindo como elemento fundamental para essa dinâmica de diferenciação entre classes sociais, na qual o que vale não é mais o berço nem o nome, mas a aparência e as relações pessoais. "A roupa faz o homem": assim inicia Hobsbawm (1977, p. 241) seu capítulo sobre o mundo burguês. Como lembra Grau (2000, p. 31), a revolução industrial liberou as energias e deslanchou o desenvolvimento de uma burguesia ligada aos negócios, ávida por reconhecimento social e por luxo, que será a primeira clientela da alta-costura.

A circulação das pessoas – imagens – nas ruas da cidade transforma-se na propaganda dos costureiros. O *footing* nos bulevares, a ida ao teatro, bem como toda a cultura do entretenimento proporcionada pelo surgimento dessa nova classe, reafirmam cada vez mais a distinção entre homem e mulher, mas também entre esfera pública e privada, segundo Wilson (1985, p. 86). Para essa autora, "a via pública era um local de passeio, e a elite da sociedade ia lá, tanto para fazer compras como para observar os outros e ser observada" (p. 196).

É nesse momento que a indústria da moda surge, organizada em criadores, empresas e consumidores. A moda se legitima, com o

> (...) aparecimento de novas formas de gestão e de dominação que podemos chamar de burocráticas e cuja peculiaridade é visar penetrar e remodelar a sociedade, organizar e reconstituir de um ponto de vista 'racional' as formas de socialização e os comportamentos até em seus detalhes mais ínfimos. A dominação burocrática encarrega-se de forma cabal da elaboração da ordem social, e isso através de um aparelho separado de poder que repousa sobre a disjunção sistemática das funções de direção e de execução, de concepção e de fabricação. (Lipovetsky, 1989, p. 93).

Além do mais, é em 1791 que na França as leis de estoque caem por terra. Até então, não se permitia aos alfaiates e costureiras estocar tecidos e produzir peças de roupas antecipadamente (p. 101).

Poiret também pode nos servir como exemplo, pois, além de grande criador e inovador, era um bom comerciante e soube administrar o seu "negócio" durante um longo período no início do século XX. Sua forma de difundir as criações era restrita e evitava grande publicidade. De acordo com Troy (2003, p. 46-7), o costureiro mantinha uma sedução distinta em seus produtos, não através de uma propaganda amplamente difundida para muitas pessoas, mas apropriando-se das belas-artes a fim de promover a originalidade e a qualidade estética de suas criações.

Uma outra maneira pela qual os costureiros passaram a registrar suas criações consistia na denominação específica dos modelos, dando a entender que cada um deles era único, tal como uma obra de arte. Assim, cada modelo poderia ser copiado, desde que obtivesse licença para tal.

A moda desse período é caracterizada pelo reflexo da forte divisão entre as classes sociais: de um lado, a alta-costura; de outro, a indústria de massa. A alta-costura produzia itens extremamente caros destinados a uma elite abastada, ao passo que os produtos da indústria de massa tinham uma ampla distribuição a preços reduzidos. Para Lipovetsky (1989, p. 70), é essa bipolaridade que caracterizará a moda moderna: alta-costura *versus* indústria de massa. No entanto, é importante lembrar que esta última em nada se parece com a indústria de confecção que se concretizará por volta de 1960 – ela apenas copia alguns modelos da alta-costura sem nenhuma pesquisa de estilo nem qualidade, organizando a produção por "grade de tamanho". Nesse período, a indústria de massa produz mais "peças de roupas" do que uma "coleção" propriamente dita.

Para as massas, a indústria do "pronto para vestir", que data de 1848, consistia apenas em roupas tradicionais, peles, roupas de banho e de esporte (Boucher, 1996; Baudot, 2002). A tentativa da cópia já acontecia, obviamente, graças ao que Gabriel Tarde chamou de "espírito da moda" (Souza, 1987, p. 123). Com a dinâmica de vida que acontecia nas vias públicas, o referencial deixou de concentrar-se no núcleo familiar e passou a distribuir-se por ruas, cafés, teatros e óperas.

A diferenciação de classes se vê refletida, portanto, nos modos de produção e nos materiais empregados – exatamente onde a questão do luxo impera: "o uso de tecidos ou cores diferentes em versões individuais de um dado modelo ajudou a garantir que tais práticas industriais passassem despercebidas" (Troy, 2003, p. 22).

Para Lipovetsky (2003, p. 42), a distinção social é dada pela emergência de novas atitudes estéticas. Ao mesmo tempo em que surge a admiração pelo antigo, aparece também a febre do presente, o gosto pela moda e por seu culto ao efêmero. A moda passa a estabelecer uma ruptura, uma invenção social histórica no Ocidente. Mesmo que isso date do século XIV, é apenas no século XIX que tal dinâmica se intensifica e se estabelece. Uma nova manifestação social do consumo ostentatório (apontada por Thorstein Veblen em *The theory of laisure class*, 1960) se faz sob o signo da antitradição, da inconstância, da frivolidade. Antes disso, a vestimenta tradicional era longa e ampla e dissimulava o corpo, dando-lhe um ar imóvel, grave, solene. Correspondia a uma ordem hierárquica estável.

É importante lembrar que existem regras para uma marca ser qualificada como alta-costura. Alta-costura é uma prática originalmente parisiense, com sede nessa cidade, e que pode ser realizada por costureiros franceses ou estrangeiros, desde que possuam seus ateliês em Paris e sejam registrados na Câmara Sindical da Costura Parisiense. Esse setor conta hoje com, aproximadamente, duzentas clientes (Allérès, 2000).

Grau (2000, p. 20) comenta o desenvolvimento da alta-costura e sua centralização em Paris, embora desde o início atenda ao mundo todo. A partir da década de 1980, a *Chambre Syndicale de la Couture Parisienne* percebe a necessidade de agregar a novidade mediante a presença de costureiros estrangeiros, anunciando uma nova categoria e chamando-a de "membros convidados" (*membres invités*). Londres, Milão, Roma e Nova York constituíram, nessa medida, novos grupos de criadores, uma vez que grandes ideias concretizadas de forma primorosa passaram a ser notadas pelos parisienses e por outros consumidores. Embora dotadas de costureiros talentosos, essas cidades, que se tornaram centros importantes para as apresentações do prêt-à-porter, não podiam ainda rivalizar com o luxo e o prestígio da costura parisiense (Grau, 2000, p. 21).

De acordo com a *Chambre Syndicale*, uma casa de alta-costura deve:

- Produzir, ao todo, setenta e cinco peças novas e originais, para o dia e para a noite;
- Apresentar duas coleções (primavera-verão e outono-inverno) por ano em Paris, no próprio ateliê;
- Empregar, no mínimo, vinte pessoas que trabalhem efetivamente na parte técnica da produção no ateliê.

Além disso, deve-se conceber a peça quase toda à mão (70 por cento dela) e integrar bordados em seu feitio. Diante das exigências, tais "leis" mostram claramente o nível de restrições a que essa categoria está sujeita.

Aqueles que acabam de entrar no mercado, ou seja, os novos criadores, devem iniciar suas atividades com um mínimo de dez pessoas trabalhando no ateliê, obrigando-se a apresentar cada coleção (dia e noite) contendo vinte e cinco peças. Ainda vale dizer que essas regras são válidas para um período de dois anos. As marcas que já existem e querem ingressar na prática da alta-costura, por sua vez, nesse período transitório, devem empregar quinze pessoas e apresentar as duas coleções, cada uma com trinta e cinco peças (Allérès, 2000, p. 144; Grau, 2000, p. 114-7).

De acordo com os dados da *Fédération Française de la Couture, du* Prêt-à-porter *des Couturiers et des Créateurs de Mode* (in Allérès, 2000, p. 145), as marcas da alta-costura geravam em 1994 um volume de vendas de, aproximadamente, 5 bilhões de francos, incluindo as outras atividades – prêt-à-porter de luxo feminino e masculino, e acessórios. Assim, cerca de 6% das atividades são atribuídas à alta-costura, 33% ao prêt-à-porter feminino, 18% ao prêt-à-porter masculino e 43% aos acessórios. Tudo isso referente apenas às atividades do luxo. Hoje em dia, é possível que o valor financeiro tenha diminuído um pouco, e a distribuição porcentual também deve ter sofrido algumas alterações. Verificamos um fato curioso ao perceber que o setor responsável pela maior movimentação é o dos acessórios (com 43%).

Acessórios são artigos que não constituem a roupa propriamente dita, mas que podem alterar toda uma silhueta. São mais acessíveis e mais fáceis de produzir, uma vez que não requerem modelagem específica – trata-se de cintos, sapatos, bolsas, chapéus, luvas, xales, echarpes e joias. Obviamente, os itens mais nobres são mais cuidados na hora de sua concepção, com mão de obra mais especializada, além de utilizarem materiais também mais nobres. Perfumes são focalizados à parte, pois muitas vezes representam os artigos principais, aqueles que praticamente sustentam uma grife.

Grau (2000) apresenta uma relação das marcas de alta-costura em 1946 e em 2000. A diferença é patente: logo após a Segunda Guerra Mundial, havia por volta de cem casas; entre 1966 e 1967, o número cai de trinta e nove para dezessete, mantendo-se assim até a virada do século, passando a vinte em julho de 2005. Em 2004, apresentaram coleções Christian Dior, Chanel, Jean-Paul Gaultier, Christian Lacroix, Jean-Louis Scherrer, Dominique Sirop, Torrente e Hanae Mori. Em 2005, as marcas são Adeline André, Chanel, Christian Dior, Christian Lacroix, Dominique Sirop, Emanuel Ungaro, Franck Sorbier, Givenchy, Jean-Paul Gaultier e Jean-Louis Scherrer. Os membros correspondentes são, na mesma data: Giorgio Armani (com a marca Giorgio Armani Privé), Valentino e Versace. Os membros convidados desse sindicato da alta-costura (em setembro de 2005) são: Adam Jones, Anne Valérie Hash, Elie Saab, Felipe Oliveira Baptista, Laurent Mercier, Marc le Bihan e *On Aura Tout Vu*.

Em 2009, Adeline André, Anne Valérie Hash, Chanel, Christian Dior, Christian Lacroix, Dominique Sirop, Franck Sorbier, Givenchy, Jean-Paul Gaultier, Maurizio Galante e Stéphane Rolland. Os membros correspondentes atualmente são: Elie Saab, Giorgio Armani, Maison Martin Margiela e Valentino, e os membros convidados: Adam Jones, Alexis Mabille, Boudicca, Cathy Pill, Christophe Josse, Felipe Oliveira Baptista, Gustavo Lins, Jean-Paul Knott, Josep Font, Lefranc.Ferrant, Marc Le Bihan, Richard René e Udo Edling.[21]

Como vimos, essa lista é flutuante, pois alguns costureiros não dispõem do capital necessário para a produção de desfiles com peças e materiais nobres – algo que pode acontecer também no prêt-à-porter, que, obviamente, integra um número extenso de participantes.

Se há muito tempo a alta-costura deixou de ser a única referência de moda, embora ainda represente o ponto mais elevado do consumo nesse setor, hoje significa uma pequena parte daquilo que é produzido e que concentra o foco da atenção da moda mundial. A casa Chanel (segundo Leopold, 1992, p. 109) chegou a empregar duas mil pessoas em seu ateliê, constituído por 26 salas de trabalho, número muito superior ao atual. Entretanto, o que transformou o foco da atenção e dos investimentos, assim como do consumo? A alta-costura serve a um número ínfimo de pessoas – aquelas que detêm um poder aquisitivo extremamente alto –, e sua diminuição não deixa de refletir mudanças nos modos de vida. Hoje, a grande maioria daqueles que utilizavam a alta-costura continua desejando consumir produtos caros, de alta qualidade, mas busca roupas que sirvam a uma dinâmica de vida diferente. É por isso que vemos hoje o fortalecimento do prêt-à-porter de luxo, assumindo o lugar central que antes cabia à alta-costura.

Antes de completar esse raciocínio, é preciso destacar alguns nomes que produziam desfiles fortemente conceituais. Além daquilo que sabidamente se busca – atrair a atenção da mídia, demonstrar o luxo e o preço

21 Informações disponíveis no site www.modeaparis.com/va/nouvelles/index.html, acessado em 27.4.2009.

exorbitante –, os desfiles que exacerbam, dão ênfase e notoriedade ao "conceito" e ainda contribuem para a quebra de padrões estéticos de moda, chegando quase a representar verdadeiras obras de arte, uma vez que, ao invés de resolverem problemas, os colocam. A pergunta "mas onde se usa isso?" é em certo sentido equivocada, pois tais desfiles focalizam não a intenção de uso, mas um choque e um volume de informação intensos.

É importante ressaltar, mais uma vez, os vários dados marcantes da alta-costura: o luxo da técnica, o dos tecidos, o do corte e da costura, mas também o luxo proveniente da referência à criação e aos criadores. Estes partem da experiência de construções sobre o corpo, um dado marcante da alta-costura. Vale citar aqui as palavras de Oscar Wilde no prefácio de *O retrato de Dorian Gray*: "Podemos perdoar a um homem por haver feito uma coisa útil, contanto que não a admire. A única desculpa de haver feito uma coisa inútil é admirá-la intensamente".[22]

De acordo com Didier Grumbah em seu depoimento para o livro de François-Marie Grau (2000, p. 3), a alta-costura resistirá ao tempo graças à sua importância e ao *savoir-faire* dos envolvidos. Grau (p. 13) demonstra a que ponto a moda é, ao mesmo tempo, um negócio e um trabalho de arte. Para esse autor, a alta-costura é um laboratório de ideias, para o qual vale a célebre frase de Dior: "É a audácia dentro da tradição". Além do mais, a alta-costura é motivo de orgulho para o povo francês, por isso investida de história cultural. Em certo sentido, essa visão contradiz a afirmação de François Baudot (citado por Grau, 2000, p. 15): a alta-costura já não só propõe as tendências da moda, mas ainda propõe o estado de espírito, o sonho. Grau (p. 15) contesta essa afirmação e concorda com o que disse Pierre Cardin: a alta-costura é como um laboratório de ideias onde as marcas ensaiam e testam as tendências a serem propostas no prêt-à-porter.

Para Grau, a grande ruptura se dá com a chegada do prêt-à-porter, que, diferentemente da alta-costura, oferece roupas criativas para um outro setor da população. Os criadores de moda, estilistas industriais, dispõem de uma influência crescente sobre as tendências de moda. Esses criadores de moda são representados por Emmanuelle Khanh, Daniel Hechter, Mary Quant, Sonia Rykiel, Vivienne Westwood, Claude Montana e Jean-Charles de Castelbajac, entre outros (Grau,

---

22 Oscar Wilde, *O retrato de Dorian Gray*. Prefácio, p.6. Trad. Oscar Mendes. São Paulo: Círculo do Livro, s.d.

2000, p. 14). A reviravolta acontece nos anos 60, mas é só em 1973 que os grandes costureiros reconhecerão essa importante influência, criando a *Fédération Française de la couture, du* prêt-à-porter *des couturiers et des créateurs de mode.* Além do prêt-à-porter, Grau afirma que também a rua será uma fonte de inspiração – o que foi demonstrado claramente durante a década de 1970, através da antimoda representada pelos *hippies*, *punks* e *glams*, e, durante os anos 80 e 90, pelo *streetwear*.

2.3 Alta moda

Alta moda é uma expressão utilizada por François Baudot (2002, p. 251-2) para denominar a moda italiana, que, depois da Segunda Guerra Mundial, especialmente na década de 1960, sofreu um grande impulso – tanto na alta qualidade do material, do feitio e do design quanto no que se refere à exclusivida de –, embora não pertencesse à alta-costura: "Em resposta à grande corrente da antimoda, repleta de mil contradições, a alta moda italiana propõe um estilo desvinculado dos ditames da alta-costura. Deve primar por um estilo estrito, coerente e fácil de usar, mas que seja ao mesmo tempo de grande luxo". O autor usa a expressão para denominar esse movimento italiano, mas utiliza-a para estendê-lo, convertendo-o em um conceito importante para a compreensão da moda. Propomos que a alta moda se refira às criações de luxo, também exclusivas, mas que não fazem parte da alta-costura francesa.

Trata-se de marcas e criadores que executam roupas sob medida e modelos exclusivos, mas que não são registrados na Câmara Sindical Parisiense e, portanto, não se enquadram nas leis que determinam a alta-costura. Vivienne Westwood, Alexander McQueen, Yohji Yamamoto, Walter Rodrigues, Ocimar Versolato e todos aqueles que produzem prêt-à-porter e no entanto executam modelos sob encomenda, sob medida e exclusivos, podem ser considerados bons exemplos de alta moda.

2.3.1 *Couture essentiel*

Couture essentiel é uma expressão cunhada pelos franceses para denominar criações de luxo, exclusivas ou em edições limitadas, que formalmente não fazem parte da alta-costura, mas utilizam sua mão de obra excedente. Ou seja, esses criadores não são registrados na Câmara Sindical da alta-costura parisiense, embora executem modelos sob encomenda, utilizando a centenária cultura francesa de bordadeiras e costureiras passada de mães para filhas.

De acordo com Sally Singer em matéria na revista *Vogue Brasil* (n. 315, 2004, p. 83-4), o termo significa "originalidade progressiva combinada à extraordinária e tradicional habilidade". São criadores do prêt-à-porter, mas podem executar roupas criadas exclusivamente para um cliente, ou admitirem reproduções limitadas. Além disso, essas roupas podem conter um trabalho artesanal requintado, assim como bordados, cristais e rendas. Na França, o setor é novo, pois os artesãos que executam esse tipo de trabalho são aqueles que trabalharam em casas de alta-costura por muito tempo e que agora se veem sem emprego, em virtude da significativa diminuição daquelas empresas.

No Brasil, a situação é um pouco diferente, pois não temos tradição em alta-costura e, consequentemente, não dispomos de linhagens de artesãos que trabalhem para o setor há dezenas de anos. Diferentemente do que acontece na França, pois como já afirmamos, os artesãos franceses comumente pertencem a famílias que trabalham para a alta-costura desde meados do século XIX, ou mesmo antes. Mas é claro que sempre tivemos artesãos especializados em criações luxuosas, para a classe alta. É o caso das rendeiras do Morro da Mariana, no Piauí, cujas avós ou bisavós fizeram renda de bilro e bordaram para as senhoras abastadas e para padres italianos. Depois do surgimento de grandes confecções brasileiras, da abertura de nosso mercado para as importações e da mecanização desse tipo de trabalho, a produção dessas rendeiras restringiu-se praticamente à demanda dos turistas que eventualmente passavam por lá.

A situação dessas artesãs mudou, recentemente, da mesma forma como vem ocorrendo com outros artesãos de várias partes do país, graças à iniciativa de recuperação e valorização dada pela onda atual de busca de particularidades que representem o Brasil. Isso se dá principalmente a partir de 1990, com a competição acirrada diante dos produtos estrangeiros, após a liberação das importações sancionada pelo então presidente da República, Fernando Collor.

2.4 Prêt-à-porter

2.4.1 Histórico

De acordo com Françoise Vincent-Ricard (1989, p. 32) a expressão prêt-à-porter foi lançada por Weil em 1948, a partir da expressão "ready to wear", utilizada nos Estados Unidos para descrever a produção e a distribuição americana, rápidas e eficientes, daquele período. Na versão americana, não estava incluída a ideia de roupa acabada (sem ajustes ou retoques), bem como uma extensa organização entre cadeia têxtil, confeccionistas, consultores de moda e escritórios de estilo.

No período da Segunda Guerra Mundial, surgiu nos Estados Unidos a ideia de produzir roupas coordenadas. Até então, a organização industrial de produção era muito mais voltada para peças inteiras, como os vestidos, pela dificuldade em cuidar da produção de peças seccionadas (Leopold, 1992, p. 106). Mas houve um motivo para essa mudança: as importações passaram a sofrer uma taxa de 90 por cento, o que dificultou a compra das roupas parisienses (Baudot 2002, p. 123). Nesse período, as mulheres começaram a comprar moldes e a dividir as peças em duas, passando a combiná-las entre si.

Ainda hoje, existe uma grande confusão no estabelecimento da diferença entre prêt-à-porter e indústria de massa, mas é importante notar que esta última já se encontrava em plena atividade desde o século XIX. Prêt-à-porter, por sua vez, além de significar "pronto para vestir", refere-se a algo muito mais amplo, uma determinada organização nesse período. É a roupa pronta para ser levada, mas ela só existe graças a uma pesquisa de tendência envolvendo toda a cadeia têxtil.

> A democratização do sistema não se baseia apenas na exclusão de fato da alta-costura, mas sobretudo na promoção concomitante da qualidade da moda do vestuário de massa (...) enquanto o prêt-à-porter dos costureiros e de 'estilo' representa cerca de 40 por cento do mercado nacional, inúmeros criadores de renome trabalham ou trabalharam como estilistas *free-lance* em firmas de prêt-à-porter de grande difusão. (Lipovetsky, 1989, p. 114)

Na verdade, essa nova conformação já vinha sendo anunciada por vários fatores, isto é, o seu processo de construção acontecia desde o século

XIX. Existia a venda por catálogos, inaugurada pelos Estados Unidos no final do século XIX e praticada pelas lojas de departamentos em Nova York, Londres, Berlim e Paris. A ideia de produzir sob licença também aparece como um indício dessa evolução, mas nada ainda próximo do que denominamos prêt-à-porter: "Se nesse país [Estados Unidos] o *ready-made* é uma indústria que data da segunda parte do século XIX, suas atividades, entretanto, têm, nessa época, mais a ver com a confecção tradicional do que com o prêt-à-porter moderno" (Baudot, 2002, p. 122).

2.4.2 Diferenças entre "roupa pronta para vestir" e prêt-à-porter

Ellen Leopold (1992, p. 104-110) analisa a produção em massa de roupas entre meados do século XIX e o começo do XX. Mesmo com tamanha produção, os resultados ainda são incomparavelmente inferiores ao desenvolvimento observado um século depois. A produção de roupas prontas está obviamente ligada à produção em massa favorecida pela Revolução Industrial, à invenção da máquina de costura e ao aparecimento das lojas de departamentos. A introdução da máquina de costura se faz primeiramente nas alfaiatarias, mais do que na própria indústria. A máquina de fazer caseado foi criada em 1862, e a de pregar botões, em 1875. Essas novas técnicas foram seguidas por máquinas que melhoravam o acabamento e não deixavam a costura aparente. Novas formas de passar a ferro surgiram na indústria só por volta de 1900, sem contribuir de imediato para o aumento do número de peças produzidas simultaneamente. A máquina de corte que prepara muitas camadas de tecido ao mesmo tempo data de 1875, mas, de início, era dispendiosa e requeria mão de obra especializada, assim como outras máquinas que iam surgindo, entre elas a de costura. Além do mais, demorou certo tempo para que fosse possível sincronizar todas as etapas da produção, de tal forma que os estilos pudessem alterar-se constantemente (Leopold, 1992, p. 104-7).

Uma pesquisa feita na década de 1970 mostra que mesmo nessa época apenas 20 por cento do tempo gasto na confecção de uma peça referia-se à costura na máquina; todo o restante era feito a mão (p. 105).

As lojas de departamentos surgem, em meados do século XIX, mas as roupas e os acessórios aí comercializados ainda são: produtos tradicionais, simples, roupas brancas, peles, tecidos, roupas de banho, cópias precárias da alta-costura, sem coordenação de coleção e sem a organização das indústrias têxteis envolvidas no processo (Boucher, 1996, p. 389; Wilson, 1985, p. 197).

O surgimento das lojas de departamento data da primeira metade do século XIX. Na França, a ideia partiu de alguns comerciantes que, em 1838, organizaram um espaço para seus negócios chamado de *Galeries du Commerce et de l'Industrie*, no número 30 do Boulevard Bonne-Nouvelle (Boucher, 1996, p. 370). Em seguida, veio a loja de departamentos *Bon Marché*, inaugurada em 1852, também em Paris, e, depois, a *Galerie Lafayette*, já no final do século (1893). Na Inglaterra, a *W. Hitchcock and Co.* é fundada em Londres no ano de 1839, enquanto a *Kendal Milne* de Manchester e a *Bainbridge* de Newcastle são inauguradas logo após, por volta de 1840. Nos Estados Unidos, o *Macy's* aparece em 1858 em Nova York, e a *Bloomingdale's*, na mesma cidade, é fundada em 1862. No começo do século XX, surgem algumas outras na Inglaterra – *Harrods*, *Whiteleys*, *Marshall*, *Snelgrove* e *Selfridges*, entre outras (Wilson, 1985, p. 204). Entre as duas guerras mundiais, algumas dessas lojas tiveram um crescimento significativo, melhorando sua forma de produção e distribuição: nos Estados Unidos, os melhores exemplos são *Sears Roebuck*, *Montgomery Ward* e *J. C. Penney*, ao passo que na Inglaterra se destacaram a *Marks and Spencers*, *British Home Store* e *Little Woods* (Wilson, 1985, p. 204-5).

A partir do século XIX, a vida nas cidades maiores se dividia entre as horas *de trabalho* – destinadas ao ganho do salário – e as horas *de lazer* – que muitas vezes implicavam gasto de dinheiro. Ir às compras tornou-se um verdadeiro entretenimento para a sociedade de consumo que se formava no Ocidente. Segundo Wilson (1985, p. 194), tanto as mulheres da burguesia como as trabalhadoras bem remuneradas encaravam o consumo como uma verdadeira diversão.

Um dos primeiros a perceber a importância dessa nova clientela e da dinâmica de produção moderna foi Poiret, no início do século XX, que viabilizou suas criações também para as elites estrangeiras e assim obteve um retorno financeiro espetacular.

Após a Primeira Guerra Mundial, a indústria apresentou um forte crescimento, pois a população aumentou e a economia mundial se estabilizou, impulsionando, consequentemente, a demanda por produtos. É interessante notar que até 1929 (Leopold, 1992, p. 107) 96,5 por cento dos produtores de roupas em massa não possuíam mais que um estabelecimento fabril. Tais negócios eram pequenos, o que tornava a produção de itens padronizados um pouco complicada. Ellen Leopold chama a atenção para o fato de que a indústria da moda de massa demora a se organizar por ter sido, em seu início, muito dispersa. Com o surgimento de *jobbers*[23], o esquema de produção se fragmenta e foge ao controle do dono da fábrica. A moda, na verdade, já se torna fragmentada no início do século XX. Aquilo que hoje conhecemos por *terceirização*[24] existia dentro da moda, embora sem uma prévia sistematização para que seu desenvolvimento fosse organizado.

Assim, a organização favorece o desenvolvimento padronizado – pois os *jobbers* acabavam controlando várias produções distintas. Para essa autora, o controle da produção e do lucro acontece mais lentamente nesse ramo do que nas indústrias que se organizavam dentro do *fordismo* – sistema baseado em linhas de montagem de grande escala.

Na década de 1930, Elsa Schiaparelli, Gabrielle Chanel e Madeleine Vionnet criavam e produziam acessórios que antecipavam o prêt-à-porter. No entanto, "produtos manufaturados em massa não levantaram vôo até a segunda metade do século XX" (Boucher, 1996, p. 170).

Lucien Lelong também contribui para a formação do prêt-à-porter quando lança uma segunda linha de sua alta-costura, chamada *Edition*, em 1934 (O'Hara, 1998, p. 152).

No período entre as duas guerras mundiais, a indústria de massa busca desesperadamente por soluções relacionadas à produção e à venda. Leopold (1992, p. 110-3) afirma que muitas empresas passaram a produzir sob encomenda, pois, na tentativa de seguir a moda da alta-costura e, ao mesmo tempo, os desejos do consumidor, acabavam perdendo mercadoria. Isso porque os confeccionistas

---

23 *Jobbers:* homens que organizavam os imigrantes para serem contratados em firmas no início do século XIX. A partir da década de 1920, a atuação desse *jobber* cresceu. Ele passou a atuar nas decisões sobre o que seria produzido, sobre o preço das peças produzidas, e agora fornecia materiais para os fabricantes. Mais tarde, passou a vender os produtos prontos como um representante de vendas (Leopold, 1992, p. 107-8).

24 E vale lembrar que essa prática das facções (terceirização) já acontecia na década de 1970 – a exemplo da confecção Samira, que produzia peças para Pierre Cardin. Informação fornecida por Cássio Elisabetsky, proprietário da Samira, em entrevista concedida no dia 30.3.2005. A Samira Indústria e Comércio Ltda. surge no Brasil em meados da década de 1920. No início, produz guarda-chuvas, mas desde a década de 1930 dedica-se à confecção de peças de roupas. Em 1960, passa a realizar coleções de roupas de forma coordenada.

acreditavam que produzindo muitas peças corriam o risco de não vendê-las em função da constante mudança da moda. Buscavam, assim, diminuir elementos de risco. Outra estratégia proveniente das lojas de departamentos consiste naquilo que ficou conhecido como 'linhas de preço', variando proporcionalmente o valor das peças de acordo com o grau de trabalho e com os materiais envolvidos em sua fabricação. A ideia de produzir roupa em duas peças contribuiu muito para a formação do prêt à porter, que se consumaria bem mais tarde. Mesmo que a técnica não fosse muito alterada, a concepção de uma saia era mais fácil do que a de um vestido inteiro. Além disso, envolvia menos tempo e, consequentemente, dispensava a participação de um(a) operário(a) mais experiente. Assim, a busca por lugares com mão de obra abundante (e não mais especializada) acontece desde o final da Segunda Guerra Mundial, no intuito de baratear ainda mais os artigos produzidos. Também nessa época expande-se o uso de tecidos mais baratos, dentre eles os sintéticos.

Logo após o final da Segunda Guerra Mundial, Marcel Boussac viu-se com um grande estoque de tecidos para roupas militares e teve o ímpeto de transformá-lo em roupa 'civil' (Vincent-Ricard, 1989, p. 34), criando assim o que se tornou conhecido como 'tecido de avião'. Boussac transformou esse "encalhe" de tecidos em moda. Nesse sentido, subverteu a função do tecido, criando um produto revolucionário. Da mesma forma aconteceu com o pijama:

> E com a criação de um estilo novíssimo, que adapta à perfeição uma aparência de tecido às camisas de gola e punhos largos, atende com fulgurante sucesso à demanda do mercado. Cria, em suma, um produto revolucionário: o pijama, que em poucos meses se impõe. (Vincent-Ricard, 1987, p. 34)

Tecidos sintéticos dão um novo impulso à moda após a Segunda Guerra Mundial (Delpierre, 1997, p. 7-8). O Nylon é criado nos Estados Unidos em 1937 e chega à França em 1939. O Tergal, feito a partir do poliéster, e o Crylor, também de fibra sintética, são algumas das inovações, possibilitando roupas confortáveis e mais práticas, pois implicam diminuição do tempo e do trabalho despendido em passar a ferro.

Albert Lampereur, também conhecido como Pierre D'Alby (Baudot, 2002, p. 174), é um dos primeiros a criar para jovens e crianças sabendo "como responder à clientela jovem", em 1929. A partir de 1950, começa a pensar em produção e distribuição de forma coordenada, tal como faziam os norte-americanos. A partir de 1958, Lampereur passa a contratar jovens criadores no intuito de inovar suas coleções. Nomes como Daniel Hechter, Emmanuelle Khanh, Michele Rosier e Jean-Charles de Castelbajac trabalharam para ele, contribuindo para seu sucesso – e todos se tornaram rapidamente conhecidos como criadores de moda.

Na década de 1950, alguns criadores franceses constituíram o "*Couturiers Associés*", buscando criar modelos para reprodução em série, que custariam entre quinze mil e trinta mil francos (Grau, 2000, p. 27). Cada peça possuía duas etiquetas, a dos "*Couturiers Associés*" e a do próprio criador. No início, essa sociedade era composta por cinco nomes: Jacques Fath, Jean Desses, Robert Piguet, Mme. Paquin e Carven de Tommaso (mais conhecida apenas como Carven). A partir de 1960, reúnem-se com eles Jacques Heim, Mme. Grès, Jeanne Lanvin e Guy Laroche. Essa prática repetia uma iniciativa do governo francês sob a invasão alemã, durante a Segunda Guerra Mundial. O livro de Dominique Veillon (2004) constitui um importante depoimento sobre esse período, sobre a maneira pela qual alguns franceses que permaneciam no governo nazista incentivaram a produção de moda e de alta-costura para que esta não desaparecesse. Tanto os dirigentes como a população tinham consciência de sua importância não só para a economia e para o emprego, mas também para a tradição e a cultura nacional. Ainda na diversificação de coleções, em 1953, Christian Dior passou a vender licenças para uma loja de departamentos japonesa, a Daimaru, o que levou à criação do "Daimaru Dior Salon", no mesmo ano.[25]

O primeiro salão do prêt-à-porter realiza-se em 1961 em Paris, mas é Pierre Cardin (Vincent-Ricard, 1989, p. 41, 70, 128) quem abrirá o primeiro setor de prêt-à-porter, na loja de departamentos *Printemps*, em 1959. Na época, Cardin não teve apoio da *Chambre Syndicale*, mas continuou impulsionando a ideia.

Yves Saint-Laurent alia-se ao empresário Pierre Bergé para fundar sua casa em 1961, e em 1966 abre sua segunda linha, o prêt-à-porter, chamando-a de Yves Saint-Laurent Rive Gauche. Na mesma época, surgem também os escritórios de estilo, cuja importância é ressaltada por Françoise Vincent-Ricard em seu livro *As espirais da moda* (1989). O primeiro é criado em 1958 por C. de Coux e recebe o nome de *Relations Textiles*, seguido em 1961 por Maïme Arnodin (Lipovetsky, 1989, p. 110). A *Promostyl*, fundada por Françoise Vincent,

---

25 Esse fato é analisado em *The Kyoto Costume Institute*, 2003, p. 526.

nasce em 1966, e em 1968 surge *La Máfia*. A função desses escritórios é prestar consultoria às indústrias têxteis, bem como ao setor de confecções.[26]

Segundo Lipovetsky, "é a partir do começo dos anos 60 que o prêt-à-porter vai chegar de alguma maneira à verdade de si mesmo, concebendo roupas com um espírito mais voltado à audácia, à juventude, à novidade, do que à perfeição da "classe". (1989, p. 110). Para Delpierre (1997) e Vincent-Ricard (1987), essa época assiste à inauguração do estilo industrial. A alta-costura deixa de ser a única a determinar tendências, e seu reinado de cem anos termina, dividindo a atenção com o prêt-à-porter. Diante disso, Delpierre (1997, p. 43) aponta uma divisão do prêt-à-porter, fragmentando-o em três níveis fundamentais, a partir da década de 1960:

> Prêt-à-porter clássico: vendido nas grandes lojas. De acordo com Delpierre, na época o setor não se diferenciava muito do que se vendia nas lojas de departamentos desde o início do século;
>
> Prêt-à-porter de estilo: aparece entre 1963 e 1964, destinado a jovens, com formas e cores mais ousadas, vendido em lojas de novo conceito, as boutiques – que vendem coleções de vários criadores e estão sempre associadas à música em volume alto;
>
> Prêt-à-porter de luxo: destinado à clientela da alta-costura, que, no entanto, busca novas alternativas para o dia a dia, a preços menos exorbitantes, mas com alta qualidade no design, no material e no feitio.

A autora ainda acrescenta a essa listagem a "moda por correspondência" – catálogos e pedidos que são enviados por correio, com encomendas recebidas da mesma forma –, difundida na França pelas lojas *La Redoute* e *Les Trois Suisses*; na verdade, um método criado pelos norte-americanos no início do século XX.

André Courrèges, criador vindo da alta-costura – com a linha "Prototype" –, tornou-se mais conhecido por suas linhas de prêt-à-porter chamadas "Couture future" e "Hyperbole". Ele se apropria da minissaia, surgida na Inglaterra por volta de 1963, e proporciona a ela um caráter internacional. Famoso pelo estilo da

26 Pequenas empresas de prestação de serviço e consultoria, criadas entre o final da década de 1950 e o início dos anos 60, pesquisando comportamento e estabelecendo tendências de moda. Esse serviço vende como produto informações específicas e trabalhadas, que seguem uma ordem: temas, cartela de cor, tecidos, silhuetas e desenhos propostos para uma coleção. Trata-se de uma pesquisa de estilo, voltada principalmente para a produção em escala maior e mais padronizada.

"Era Espacial", com botas e roupas brancas, de linhas simples e primorosas, limpas e com referências a Le Corbusier, Courrèges "livra as mulheres dos saltos altos, do peito comprimido, das roupas apertadas, das ancas, em favor de um traje estruturado que permite a liberdade do movimento" (Lipovetsky, 1989, p. 111).

Os estilistas industriais, especialmente na Europa e nos Estados Unidos, passam a criar diretamente para a indústria de massa, sem a pretensão da cópia: criar estilo, uma linguagem particular na indústria de massa. As várias tendências de moda não mais se originam apenas da alta-costura – passam a ser propostas também pelo estilo industrial. Jean-Charles de Castelbajac, Emmanuelle Khanh e Jean Cacharel são alguns exemplos desses novos profissionais. Françoise Vincent-Ricard analisa esse período com base em sua experiência como uma das participantes do processo na França, ao criar um dos primeiros escritórios de estilo, o *Promostyl*. Nesse período, além desses escritórios particulares que vendiam estilo para a indústria de massa, também a indústria têxtil se aliou à nova dinâmica. Passou a trabalhar com as tendências propostas pelos estilistas industriais e pelos escritórios de estilo, otimizando sua produção à medida que produzia maior quantidade de um mesmo tecido, numa cartela de cor pré-definida e limitada.

As butiques existiam desde a década de 1920, mas passam nessa época a assumir um novo caráter, criando e vendendo roupas para jovens, em sintonia com eles (e muitos dos jovens eram os próprios criadores). A butique *Biba* e a de Mary Quant (ambas em Londres), e a Paraphernalia (em Nova York) são bons exemplos daquilo que ainda era possível chamar de antimoda.

Vale lembrar que, no Brasil, o processo acontece de forma mais lenta e começa a se consolidar apenas na década de 1980. Muitas consumidoras afirmam que, na década de 1960, comprar roupas prontas e de boa qualidade era uma atividade rara, pois a qualidade das peças oferecidas era, em geral, ruim, e não havia muita novidade em matéria de modelos. Além disso, elas costumavam fazer roupas com as modistas, que ofereciam corte e costura primorosos. Esse público era exigente, sabia distinguir entre peças boas e malfeitas.

É na década de 1970 que a indústria da moda passa a agregar cada vez mais referências da rua, da vida cotidiana, transferindo-as para suas coleções coordenadas. Com o passar do tempo, esse processo torna-se tão rápido que muitas vezes não é possível observar diretamente o surgimento de tribos urbanas – a indústria da moda as detecta e, imediatamente, imprime seus elementos característicos nas novas coleções.

Prêt-à-porter pode constituir tanto a "segunda linha" de uma casa de alta--costura como uma grife que nasceu como butique e cresceu como lançadora de moda. Vivienne Westwood é um bom exemplo desse último grupo: a estilista iniciou sua carreira com a loja londrina *Sex*, na década de 1970, como participante do movimento *punk*, mas foi reconhecida como criadora de prêt--à-porter dos grandes desfiles já nos anos 80. Outros membros representativos desse grupo são Mary Quant (Inglaterra), Barbara Hulanicki (Inglaterra), Kenzo (nascido no Japão, mas radicado na França desde a década de 1960), Issey Miyake (Japão), John Galliano (embora tenha nascido em Gibraltar, cresceu e estudou em Londres) e Agnès B (França), entre uma infinidade de marcas.

Por fim, é importante notar o que levou o prêt-à-porter a tomar um impulso intenso e a abalar o reinado da alta-costura. De acordo com Delpierre (1997, p. 46), a evolução social, econômica e técnica coloca em xeque o alto custo de uma peça da alta-costura. Além do mais, as roupas do prêt-à-porter de luxo oferecem mais praticidade a um preço um pouco mais baixo se comparado com a peça exclusiva, criada pela alta-costura. Também os jovens são responsáveis pela nova configuração do mercado: esse novo público consumidor destaca-se a partir dos anos 60, não só consumindo exatamente o que deseja (fora da linha voltada para adultos), mas também criando suas próprias roupas, de acordo com seu desejo e vontade.

Assim, foi uma configuração geral que determinou o triunfo do prêt-à--porter, mediante novas técnicas (que ainda sofreriam um constante aperfeiçoamento): uma sensível evolução na qualidade das roupas de massa, a coordenação das coleções exercida pelos escritórios de estilo e a melhora na situação econômica da grande maioria. Esse triunfo deve-se, portanto, a uma configuração que se desenvolveu aos poucos, e não instantaneamente. Veremos a seguir como se dá essa evolução em nossos dias.

2.4.3 Prêt-à-porter na atualidade

A diferença entre o prêt-à-porter de luxo e o dos novos criadores envolve vários fatores: preço, qualidade dos tecidos (que integra a questão do custoso desenvolvimento de novos tecidos), organização e porte da empresa, sua capacidade de produção e distribuição, e por fim sua logística, que deve alcançar o maior número de pessoas no menor período possível.

Denominam-se, aqui, prêt-à-porter de novos criadores apenas as marcas que ainda estão se firmando no mercado e que se diferenciam da indústria da cópia justamente por não copiarem de outras. Trata-se de estilistas geralmente novos, que buscam um lugar menos instável no mercado, alguns deles vendendo sua marca para grandes grupos financeiros. Estes nomes brasileiros constituem bons exemplos: Jum Nakao, Karlla Girotto, V. Rom, Foxy Lady, Madalenas, Paula Feber, e como foi A Mulher do Padre.

É notável que embora o setor do luxo produza cada vez menos, consegue alcançar distâncias cada vez maiores, graças ao desejo de consumidores e não à capacidade de vender à distância. Alguns autores já discutiram esse fenômeno, tais como Danielle Allérès (2000) e Gilles Lipovetsky (2003), além de importantes periódicos como as revistas *Eurostaff* e *Les Echos Études* (2002).

2.4.4 Prêt-à-porter de luxo

No ano 2000, a indústria do luxo na França movimentou 90 bilhões de euros (*Les Echos Études*, 2002, p. 7; *Eurostaff*).[27] Os estudos apontam alguns motivos que levam a essa cifra significativa, tais como a emergência de novas classes afortunadas, a globalização e a abertura de países para esse mercado que passaram a ser fortes potenciais para o desenvolvimento do setor. A mesma publicação apontou o Japão como o principal mercado para as marcas de luxo. Atualmente, o setor do luxo deixa de ser uma organização de pequenos negócios, independentes e semiartesanais, para compor conglomerados de cunho internacional, grupos multimarcas que se valem de métodos e estratégias já exercitados nos mercados de massa.

O grupo LVMH – Louis Vuitton Moët Henessy – foi o primeiro a destacar-se nessa nova configuração, constituindo um conglomerado mundial de marcas de luxo que alcançou uma cifra de negócios de 12,2 milhões de euros em 2001, com suas 51 marcas presentes em 65 países. Estudos recentes apontam a atualidade como uma nova época do luxo, com suas concentrações e fusões, aquisições e divisões de marcas num mercado mundial (*Les Echos Études*, 2002, p. 14-5). E vão além em suas conclusões: é a hora da criatividade específica e da excelência dos

27 Disponível em www.eurostaf.fr/fr/01etudes/luxe/groupe-mond-luxe/index.htm. Estudo realizado em março de 2002, acessado em 10.9.2005.

produtos. Trata-se de uma lógica financeira e estética, "de força produtiva e de *savoir-faire* tradicional, de inovação e de conservação de heranças" (p. 15).

Ao mesmo tempo em que o mercado se expande, ele personaliza seus produtos. Essa é uma dinâmica que passa a acontecer de maneira similar no mercado em geral, com a customização de massa. Tem-se o desenvolvimento de uma cultura de marcas de massa, com a segmentação de seus mercados e, por consequência, a difusão de cópias.

Para Lipovetsky (2003, p. 17), existe uma intensificação da sede por novidades, aliada à busca pela herança, pelas grandes marcas históricas. Rituais da nobreza, como os grandes bailes, são hoje beneficiados por uma nova valorização. É uma valorização inédita do passado histórico, buscando reconciliar criação e permanência, moda e intemporalidade. Lipovetsky denomina esse fenômeno "uma segunda modernidade".

É interessante notar como Lipovetsky caracteriza uma das facetas do luxo ao dizer que este é mais defensivo do que agressivo, uma vez que se baseia na estética da discrição: "Proliferam os dispositivos de proteção – as residências luxuosas, por exemplo, dispõem de um sistema de segurança intenso, 24 horas por dia. É a obsessão pela segurança e pela saúde. Hoje existe o seguro de bens e o de pessoas" (2003, p. 67).[28]

O prêt-à-porter de luxo pode ser visto nos principais eventos denominados "Fashion weeks", aqueles realizados em Paris, Londres, Milão, Nova York e Tóquio. O número das grifes que desfilam chega a aproximadamente cem, de acordo com o site da Fédération Française de la Couture.[29]

Grifes como Versace, Emanuel Ungaro, Dolce & Gabbana, Hermès e Jean-Paul Gaultier são de grande importância na indústria do luxo mundial, e hoje também são controladas por grupos empresariais. Dificilmente encontramos

---

28 Realmente, a questão da proteção sempre foi relevante ao longo da história, e a roupa constitui um de seus aparatos (Barnard, 2003, p. 80). O que vemos, hoje, é a intensificação da proteção voltada para o consumo e cada vez mais próxima da violência, especialmente nos grandes centros urbanos (tecidos que protegem contra os raios ultravioleta e roupas com microchips que permitem a localização do indivíduo via satélite). Um bom exemplo dessa onipresença do 'fator segurança' são as criações da CP Company, peças que agregam o conceito de roupas como refúgio no caso de um ataque repentino. Lipovetsky (2003, p. 69) associa a esse aspecto as atividades que exercitam os limites humanos, tais como as viagens solitárias pelo mar, os ralis e os esportes radicais: "Um espetáculo por nada (...) uma vontade ostensiva de 'fazer primeiro', desafiando o tempo, o espaço, a idade, o corpo". É mais emocionalista que simbólico. Os tecidos inteligentes e os *wearable computers* serão discutidos nos capítulos 4 e 5 deste trabalho.

29 Disponível em www.modeaparis.com/vf/couturiers/index.html, acessado em 7.9.2005.

hoje uma grife de moda que seja controlada exclusivamente pelo estilista ou por uma pessoa apenas, mas os próprios costureiros contribuíram para esta dinâmica há vários anos, mais especificamente na década de 60. Como vimos, Yves Saint-Laurent foi dos primeiros a abrir caminho para esse tipo de associação que hoje se generalizou.

2.4.5 Prêt-à-porter de difusão

Essa categoria pode valer tanto para denominar certa política das marcas de luxo, voltada para a ampliação de seu público – em produtos específicos para a difusão, mas que não correspondem àqueles de primeira linha –, quanto para apontar marcas e criadores que lançam tendência com uma ampla capacidade de produção e distribuição. Mas a categoria pode englobar, também, confecções que trabalham com tendências de moda, seja com pesquisa própria, seja com o auxílio de escritórios de estilo, seja até mesmo com o recurso à cópia.

Em outras palavras, difusão refere-se ao alcance dos produtos, tanto pela cópia como pela criação – ambas dependendo de redes de produção e distribuição eficazes, algo bem característico do mundo globalizado.

Nesse grupo do prêt-à-porter de difusão incluem-se também as grandes redes de lojas que possuem estabelecimentos ao redor do mundo, tais como *Zara*, *Mango*, *H&M* (que agora conta com uma linha criada por Karl Lagerfeld) e *C&A*. No Brasil, grupos como *Renner* e *Lojas Americanas* são diversificados e mais próximos de lojas de departamentos.

Muitas dessas redes associam-se a criadores de nome para criar uma linha diferenciada, dentro de uma estratégia de marketing que visa inovar seu discurso de produto, isto é, o seu valor simbólico. É o caso da *C&A*, que no primeiro semestre de 2005 contou com Walter Rodrigues na criação de um segmento, e da *Riachuelo*, contando com a criação de Fause Haten em 2003. Algumas lojas produzem sob sua própria marca e dispõem de uma pesquisa de tendência e de estilo, podendo por vezes trabalhar com escritórios de estilo – é o caso de *H&M*, *Zara* e *Mango*.

É óbvio que a indústria da cópia também constitui instrumento de grande difusão. No entanto, merece análise à parte, pois o seu comportamento de criação é fundamentado na cópia, como o próprio nome diz. Já os novos criadores devem ser lembrados aqui, uma vez que produzem peças de prêt-à-porter, mas, em geral, sua difusão é muito baixa. As marcas brasileiras *A Mulher do Padre*, de Vinícius Campion, Karlla Girotto, Caio Gobbi e Erica Ikezilli, V.ROM entre outros, são exemplos significativos desse grupo.

C&A, *Renner* e *Lojas Americanas* não são inovadoras, diferentemente das outras aqui citadas. Não ousam na variação das cores – característica das marcas de luxo e dos criadores – pois esse processo, assim como a criação de tecidos, é caro e requer investimento alto. O número de peças produzido é muito superior ao das marcas que trabalham com cores e tecidos exclusivos. Mas essas confecções também se valem das informações dos escritórios de estilo e podem trabalhar com as tendências sugeridas por eles, levando em conta as coleções desfiladas principalmente em Paris, Nova York e Milão – dinâmica já existente desde os anos 60.

A difusão refere-se, como vimos, ao número de peças produzidas, mas também à capacidade de alcançar diversos lugares do globo. As novas marcas (microempresas) é que enfrentam mais dificuldade para produzir em maior escala e alcançar públicos mais distantes de sua sede de criação. O poderio financeiro é que determinará o grau de difusão, tanto nas distâncias alcançadas – em função do maquinário de ponta e das tecnologias de comunicação, bem como dos meios de produção distribuídos pelo planeta – quanto no volume de produção.

2.5 A indústria da cópia

Como já mencionamos anteriormente, o advento da Revolução Industrial levou à mecanização do trabalho da costura, graças à introdução de máquinas (inventadas em 1830) na segunda metade do século XIX. Essa mecanização trouxe a aceleração da cópia e a padronização das peças (Troy, 2003, p. 22). Para muitos autores (Boucher, 1996; Lipovetsky, 1989; Baudot, 2002; Caldas, 2004; Wilson, 1992; Barbosa, 2004), a indústria de massa de roupas se forma anteriormente à alta-costura; no entanto, como já comentamos, ela só consegue se organizar após a Segunda Guerra Mundial, especialmente nos Estados Unidos. De acordo com Caldas (2004, p. 53), ela foi baseada em uniformes e roupas de trabalho masculinas. A ideia de "grade de tamanhos" aparece em meados da década de 1930, contribuindo para a formação do prêt-à-porter e para a intensificação da difusão em massa, incluindo a cópia. Até meados dos anos 50, a dinâmica se repetia, isto é, a indústria de massa não criava conceito, apenas copiava a alta-costura.

A indústria da cópia requer explicação à parte, pois constitui um setor importante na indústria da moda e desempenha papel peculiar. Numa visão histórica, desde a legitimação da moda com Worth, em meados do século XIX, a cópia já existia, tanto pelas pequenas produções como pela indústria de massa, que multiplicou a capacidade de produção e reprodução.

As modistas eram mulheres que dominavam a técnica da costura e tinham, desde o início do século XIX, o seu próprio negócio. Elas trabalhavam com a reprodução de modelos que apareciam em revistas ou, como afirma Troy (2003, p. 24), compravam peças dos grandes costureiros e as usavam como modelos, podendo alterar alguns detalhes, o tecido e o acabamento. A qualidade dessas roupas era por vezes notável, mas as modistas não criavam coleções e dificilmente usavam tecidos tão nobres quanto os da alta-costura, especialmente nas cores quase exclusivas destinadas a esta última. Mesmo assim, os criadores queriam garantir a sua originalidade, e foi por isso que passaram a assinar seus nomes e colocá-los nas roupas. Essa foi mais uma razão para a criação das *etiquetas*, a partir de 1860.

No começo do século XX, Poiret e Vionnet já constatavam problemas na reprodução de seus modelos, chegando a tomar decisões legais para evitar que isso acontecesse de maneira descontrolada.

A *Chambre Syndicale de La Couture* foi criada para, entre outras tarefas, defender as casas de alta-costura contra a pirataria. É um dos órgãos das *Chambres Syndicales*, que, juntamente com a *Fédération Française de la Couture du* Prêt-à-Porter (criada em 1973), cuida das companhias francesas. Foi fundada em 1868 por Charles Worth, com o nome de *Chambre Syndicale de la Confection et de la Couture pour Dames et Fillettes*. Em certo sentido,

> (...) o sucesso de uma marca pode ser medido em termos da intensidade em que é copiada. Marcas como Chanel, Armani, Gucci, Prada e Versace têm sofrido perdas em seu lucro em função das falsificações de perfumes, de camisetas e de outros artigos, em cópias que se valem do logo famoso. [30]

Para garantir o controle de suas reproduções, Christian Dior estabelece na década de 1950 três possibilidades a seus compradores: comprar um molde em papel do modelo original (que pouco durava); comprar um molde de lona que

---

30 " (...) the success of a brand can be measured in terms of how much is illegally produced. Brand names like Chanel, Armani, Gucci, Prada and Versace have all suffered lost profit from counterfeit perfume and T-shirts or other contraband goods all bearing their name or an almost identical logo look alike."
Disponível em www.fashion-era.com, acessado em 10.8.2005.

dava a garantia de ser uma cópia licenciada, trazendo a etiqueta "cópia do modelo original Christian Dior"; ou adquirir por um custo alto o modelo original e reproduzir imitações com a etiqueta Christian Dior (Wilson, 1985, p. 118). A contradição se coloca desde então, quando se questiona o que é uma *cópia original* e uma simples cópia. Essa política de vender licenças para a reprodução dos modelos tornava a moda um negócio ainda mais lucrativo.

A etiqueta com assinatura aparece com Worth, para demarcar o espaço da criação da alta-costura:

> O uso de tecidos diferentes e de cores exclusivas em uma determinada peça auxiliava a garantir que as práticas industriais passassem despercebidas. Worth organizou um sistema para saber que vestido foi comprado por quem e quando; assim, as clientes não correriam o risco de se sentirem envergonhadas ao encontrar uma outra mulher com o mesmo vestido.[31] (Troy, 2003, p. 22)

Poiret (Troy, 2003, p. 10) trabalhava pela imagem de originalidade de suas peças, buscando popularizá-las pela diversificação de suas linhas, para alcançar mercados além da França. Uma linha especialmente criada para os Estados Unidos trazia etiqueta específica que a denominava "reprodução autorizada". Eram objetos originais, sob produção em massa. Note-se, entretanto, que produção em massa aqui não se compara com o número de peças hoje fabricadas e com a rapidez que se consolidaria a partir da década de 1960. Os estilistas ou criadores industriais não trabalhavam primordialmente com a questão da originalidade a partir de peças únicas, mas criavam diretamente para uma produção industrial.

Produzir modelos para serem copiados com base em licenças constituiu uma solução para Worth e Poiret, assim como para muitas outras marcas de alta-costura. Além disso, a etiqueta imprime uma diferenciação e afirma a origem do produto. O problema é que até mesmo essa estratégia passou a ser copiada. É especialmente no período entre as duas guerras mundiais que a prática da cópia se intensifica (Leopold, 1992, p. 110), graças ao progresso dos transportes aéreos e dos meios de comunicação em massa. O avião contribui para a exportação e a consequente cópia de modelos da alta-costura

31 "The use of different fabrics or colors in individual versions of a given model helped to ensure that such industrial practices went unnoticed. It was also necessary for Worth's business to maintain a large and efficient filing system to account for what gowns were sold to whom for which occasion, so that wealthy clients would not be embarrassed by face-to-face encounters with other women clothed in the same designs."

sob licença; os meios de comunicação atuam na difusão das imagens e moldes através das revistas femininas – que terão um crescimento significativo no período da Segunda Guerra Mundial. Como vimos, o aumento das taxas de importação nos Estados Unidos levou ao uso de publicações para que se mantivesse a troca de informações sobre moda. Além do mais, as peças produzidas sob licença para clientes particulares seriam reproduzidas em maior número, em moldes bidimensionais, com utilização generalizada da máquina de costura e com tecidos mais baratos. Surgia assim um novo problema, pois a modelagem era feita para a cliente particular de forma tridimensional, garantindo o perfeito ajuste ao corpo, o que não acontecia na reprodução em série – mesmo que de número limitado.

A produção em massa acontecia, mas de forma pouco regularizada e muito menos sistematizada. Ellen Leopold (1992, p. 111-3) define a estrutura dessa indústria antes do evento do prêt-à-porter, dividindo-a em quatro estratégias:

- A primeira era a produção de roupas em massa, com onze modelos básicos, onde 90% eram variações desses modelos e 10%, os básicos;
- No entanto, temendo variar demais seus modelos, acabavam produzindo muitos modelos sob encomenda – a segunda estratégia –, nas chamadas *sell-then-make*, ao mesmo tempo em que produziam peças iguais. A organização dessa confusa produção reunia entre 80 e 150 operações;
- A terceira estratégia aparece após a Segunda Guerra Mundial, com produção de peças separadas – substituição de ternos por calças e *blazers*, e de vestidos por saias e suéteres. Era um sistema conhecido como *little tickets item*;
- A quarta estratégia consistiu na introdução de linhas de preço, segmentando o mercado de vestidos em preços diversos. De acordo com o trabalho empregado (ora mais, ora menos elaborado) os preços eram estabelecidos de acordo com o custo de produção da peça, além de favorecer os confeccionistas a determinar os preços de acordo com as circunstâncias da moda. Trata-se de tendência trazida pela alta-costura, uma vez que as peças "inspiradas" na alta-costura eram mais caras.

Desde o começo do século XX, as modistas têm papel importante nessa dinâmica, pois eram elas as reprodutoras dos modelos lançados nas revistas para as mocinhas e senhoras de classes média e alta. Elas viajavam e traziam as *toiles*, moldes em papel, além de tecidos nobres. Informalmente, acontecia a reprodução dos modelos, na qual as modistas contavam com um grau ainda maior de liberdade, pois atendiam ao gosto das clientes: o tecido e alguns detalhes podiam variar. Por muito tempo, um pouco ainda hoje, essa era a forma mais fácil e comum de obter os modelos da moda. Com o prêt-à-porter, muitas modistas perderam seu espaço para as grandes confecções, as quais conseguem comprar o material necessário a um preço mais acessível, em função de um maior volume de produção.

Assim como ocorreu com Worth há mais de um século, a cópia ainda pode causar perda no lucro para marcas como Louis Vuitton, Diesel e Chanel, entre outros grandes nomes. Portanto, por um lado, a indústria da cópia causa grandes perdas nos lucros das marcas, em roupas, acessórios e perfumes, mas, ao mesmo tempo, contribui para intensificar as tendências. Mesmo hoje, quando o termo "tendência" parece desaparecer, percebemos que a indústria da cópia promove a sua persistência.

Dario Caldas (2004) desenvolve uma excelente análise do termo "tendência", mediante um levantamento histórico de seu significado. Desde sua ligação com o positivismo – pela ideia de progresso, segundo a qual os que estão no topo se declaram como modelos, e os que estão abaixo buscam alcançar esses modelos almejados –, até o estudo de seu significado, apresentado resumidamente como "lugar para onde as coisas se dirigem". Esse autor afirma que tal dinâmica está presente na moda quando criadores e a indústria em geral tomam suas inovações como verdades e ponto de partida, estabelecendo-se como referência do "autoritarismo de um discurso autocentrado" (Caldas, 2004, p. 35).

A partir da sociedade de consumo, na qual a questão do "novo" desempenha papel fundamental, tem-se assumido a ideia de que o futuro está cada vez mais próximo. Em especial, a indústria da moda se vale desse desejo – ela mesma é a legitimação do futuro, a partir de suas coleções sazonais –, cabendo-lhe ainda a determinação de padrões estéticos, mesmo quando a diversificação de estilos individuais se faz presente. Caldas (2004, p. 40) nos lembra que, ainda hoje, há a necessidade de prever "tendências", no sentido de diminuir riscos para as empresas e alertá-las com estudos teóricos sobre questões comportamentais das diversas sociedades, a fim de auxiliar nas decodificações de paradigmas, numa sociedade cada vez mais complexa. Muitas vezes, o comportamento das classes mais favorecidas serve ainda de padrão de determinação para grande parte da população.

Nesse sentido, muitos estudos sobre comportamento por parte da sociologia e do marketing conceituam "tendência" como "propensão, tensão, crença generalizada, fatores de precipitação e de transformação da crença genérica em crença específica, cristalização, difusão de uma crença específica" (Caldas, 2004, p. 47). É aquilo que David Frings (1999) apontou em relação às coleções, sobre o momento em que chegam às lojas: "introdução, início da popularização, auge da popularização, declínio e rejeição".

Muitas confecções atuais, que vivem da cópia – cópia de formas, cores e tecidos –, apoiam-se nessa ideia de "tendência" para saberem o que devem produzir para vender mais facilmente. Grande parte da publicidade feita pelos lançadores de moda é utilizada por essas confecções – diante disso, uma cultura foi criada e dificilmente desaparecerá.

Os escritórios de estilo surgidos no final de década de 1950 já faziam parte do prêt-à-porter. Geravam – e continuam gerando até hoje – sugestões para a criação de peças a serem reproduzidas em quantidade – seja esta limitada ou em massa. Outra forma de ação consiste em copiar os grandes desfiles, com adaptações e desvios ou sem eles. Como resultado, surge o que vemos ao andar pelas ruas: tecidos parecidos ou até iguais, em formas e cores, acabando por homogeneizar aquilo que foi criado como singular.

É claro que as pesquisas de diferentes criadores podem coincidir, como ocorreu com Isaac Mizrahi e Jean-Paul Gaultier em 1994, ao trabalharem o filme *Nanook of the North*.[32] Em certa temporada, ambos estabeleceram como referência principal de suas coleções esse filme. E isso aconteceu sem que um conhecesse as ideias do outro.

Fazendo uma pesquisa pelos desfiles em geral, é possível encontrar as mesmas ideias concretizadas de maneira peculiar. Podemos notar a predominância de uma mesma cor, de uma mesma ideia, ainda que em diversas versões. Por exemplo, no inverno 2003-2004 surgiram vários casacos sobre vestidos tubo, sendo estes mais curtos que os casacos. Na mesma temporada, as saias godês apareceram em Yohji Yamamoto, Dior, Betsey Johnson e, no Brasil, na *Huis Clos*.

Vale reafirmar a importância das modistas aqui na indústria da cópia, pois elas também reproduziam diversos modelos da alta-costura. Mesmo de-

32 O fato está documentado no filme *Unzipped*. Direção de Douglas Reeve, EUA, 1995. O filme *Nanook of the North* foi dirigido por Robert Flaherty, em 1922.

pois de enfraquecida a alta-costura, elas continuaram referenciando-se nas imagens dos desfiles do prêt-à-porter, auxiliando na difusão das imagens das marcas. Importante dizer que esse tipo de trabalho não desapareceu, mas diminui muito em função da gama de opções oferecidas a um preço mais acessível pelo prêt-à-porter na atualidade. Muitos ainda se valem dessa atividade – ou porque querem criar suas próprias roupas ou porque querem um modelo surgido na televisão ou numa revista, mas não o encontram nas lojas. Se lembrarmos que a moda diversificada não chega a todos os cantos do mundo, é possível entendermos esse comportamento. A revista *Manequim*, brasileira, e as publicações importadas que trazem as receitas dos moldes executam um trabalho importante para aqueles que desejam a moda e não podem ter acesso a ela.

A indústria da cópia, além de ajudar a difundir várias ideias propostas por grandes grifes, também se especializou e acelerou sua capacidade. A cópia se vê intensificada na atualidade por seus modelos iniciais ("originais" seria um termo exagerado) estarem disponíveis em dados digitais, ou seja, na Internet. Tal como sugere Kerckhove,[33] na medida em que as informações são dispostas em *bytes*, a possibilidade de hibridação é infinitamente maior. As imagens e os contextos são desestruturados e reestruturados de formas diversas e rápidas. Perdem-se aí as referências históricas que imprimiam outro sentido às coisas (Canclini, 2003, p. 304). A possibilidade de assistir a um desfile no exato momento em que se realiza – do outro lado do mundo – leva muitos "copiadores" a imediatamente reproduzir os modelos nas cores e tecidos determinados – o que também envolve vazamento de informação e exige um maquinário de ponta. O trabalho escravo ou semiescravo impulsiona essa máquina, produzindo um número enorme de peças com distribuição totalmente organizada.

Portanto, aquilo que é chamado de "modinha" é a cópia que se dá a partir de referências dos desfiles e, também, da televisão e de revistas – mas estas, por sua vez, se referenciam nos desfiles e nas tendências determinadas pelos escritórios de estilo. Ainda podem surgir algumas variações, como a adição de algum detalhe pela pessoa que produz a peça.

33 Do catálogo de apresentação do evento "Hybrid – living in paradox", do Festival de Arte Eletrônica de 2005. Linz, Áustria. www.aec.at/hybrid.

A impressora de tecidos é uma máquina interessante. Seu preço ainda é muito alto, mas, à medida que se torne mais acessível, sua tecnologia intensificará ainda mais a capacidade produtiva, tanto da criação quanto da cópia.

Por fim, deve-se notar uma recente inversão no processo de criação: renomados criadores vêm trabalhando também para a indústria da cópia. Karl Lagerfeld é um bom exemplo. Passou a criar e até mesmo a vender sua imagem para a rede suíça *H&M,* quando criou uma linha de roupas. Seu rosto foi estampado em camisetas. Já que suas criações seriam copiadas, por que não ter um certo lucro com essa atividade?

De qualquer forma, muitas vezes é difícil definir qual a origem da cópia, bem como o grau em que essa cópia pode ser feita. Muitas confecções se valem de referências de desfiles internacionais, alterando detalhes e inserindo outros. E, ainda, algumas grandes marcas acabam por copiar suas próprias cópias, alteradas apenas em elementos secundários.

3. Globalização e moda

3.1 Globalização

Para alguns autores, o processo de globalização diz mais respeito às questões econômicas, mas pode ser tratado com base no âmbito cultural (Ortiz, 1994a; Castells, 1999; Featherstone, 1997, 1999; Menezes, 1997; Hannerz, 1990; Neiva, 1997; Canclini, 2003; Jameson, 1997; Giddens, 1991; Negri & Hardt, 2001; Semprini, 1999; Hall, 2005). O que ocorre é um fluxo de trocas entre as diversas culturas e localidades, envolvendo pessoas e mercadorias.

A começar pelas questões culturais, a proposta de Ortiz separando os termos globalização e mundialização é esclarecedora: globalização remete ao processo econômico, e mundialização, às questões específicas da cultura. A moda atual envolve ambas as questões, e é por isso que utilizaremos sempre o termo "globalização".

Para Ortiz (1994a, p. 15, 27, 32), o termo globalização refere-se aos modos de produção, distribuição e consumo de bens e de serviços voltados para uma estratégia mundial, que acontecem de forma imediata, desterritorializada, e dependem da ciência, da tecnologia e do consumo. Essa desterritorialização ocorre porque os modos de produção não estão mais centrados em um único ponto, mas pulverizados no mundo todo. O mesmo acontece com a cultura, pois sua diversificação se dá em função da hibridação entre diferentes culturas, especialmente por causa dos meios de comunicação digitais que intensificam a comunicação e a dispõem em formatos passíveis de interação imediata: "É um processo que se reproduz e se refaz incessantemente" (p. 30). O que ocorre, portanto, é uma estandardização da vida, dada pelo industrialismo que permeia nosso cotidiano: "A fabricação industrial da cultura (filmes e séries de televisão, por exemplo) e a existência de um mercado mundial exigem a padronização dos produtos" (p. 32). Isso não significa uma completa homogeneização cultural, mas é parte do processo globalizatório, como veremos mais adiante.

Castells compartilha da mesma ideia, afirmando que a cultura é caracterizada pelo seu surgimento em diversos contextos culturais/nacionais, o que "não impede a existência de uma matriz comum nas formas de organização dos processos produtivos, de consumo e de distribuição" (1999, p. 173).

Ortiz (1994a, p. 17-24) refere-se à esfera ideológica dessa situação mundial que não aniquila outras culturas, mas delas se alimenta. Uma cultura é constituída por diversos elementos, tais como hábitos alimentares, vestimentas e crenças que geram valores particulares em corpos coletivos, formando um universo simbólico compartilhado por um grupo de pessoas. A cultura exige, portanto, um certo período para se concretizar, seja como cultura localizada em um espaço geográfico definido, seja como cultura associada a comunidades virtuais.

A cultura global resulta de simbologias universais que se formam, se fragmentam e tornam a se formar incessantemente, em curtos períodos. Vemos hoje o surgimento de uma cultura homogênea – ou de simbolismos reconhecidos em todo o globo –, auxiliando na construção de uma memória coletiva mundial, intensificada pelos meios de comunicação digitais. Vemos, também, novas organizações espaciais que permeiam o mundo todo, como também assistimos à internacionalização de símbolos dada pelo consumo. Passamos a viver práticas e estilos de vida compartilhados em âmbito mundial, que nos distanciam do domínio cultural do Estado-nação (Featherstone, 1997, p. 158), mas que podem também favorecer nacionalismos como defesa identitária ou de mercado.

Hannerz (1990, p. 251) sugere que "a cultura mundial é criada através de um aumento cada vez mais intenso de entrelaçamento de culturas locais diversificadas", resultando em culturas híbridas de escala internacional, intensificadas pelos centros urbanos, principalmente através de vias digitais (Canclini, 2003). Assim, culturas se agrupam de formas instáveis e hierarquias são reorganizadas constantemente, podendo surgir de modo muito particular e pessoal, possibilitado pelas tecnologias digitais. As culturas são reintegradas com base em redes funcionais ou na colagem de imagens, "ocasionando um espaço de fluxos que substitui o espaço de lugares" (Castells, 1999, p. 397). Para esses dois autores, ocorre assim a perda do significado histórico, em virtude da maneira pela qual as justaposições de elementos são feitas.

Essa justaposição pode se dar no ambiente das imagens, a ponto de saturar o mundo. Para Jameson (1997, p. 42, 46), a difusão e a produção contribuem para essa perda do sentido histórico, apagando a distinção entre real e imaginário; é uma busca pelo novo através da mistura entre presente, passado e futuro. Para Baudrillard (1975, p. 115), o consumo estabelece um sistema de signos; logo, o que se consome é esse sistema que se apresenta pelos objetos. A construção desse sistema se faz em grande parte através da imagem: "O consumo surge como conduta activa e coletiva, como coação e moral, como instituição. Compõe todo um sistema de valores com tudo o que esse termo implica enquanto função de integração do grupo e de contrato social" (p. 121).

Como afirmou Zizek, referindo-se à insistência dos meios de comunicação na veiculação das imagens do World Trade Center (Nova York) no momento de sua destruição, "não foi a realidade que invadiu a nossa imagem: foi a imagem que invadiu e destruiu a nossa realidade" (2002, p. 31).

No entanto, o processo deve se caracterizar também por sua capacidade de articulação entre diversos setores, tais como o social e o cultural, expandindo o uso de bens patrimoniais e a criatividade (Canclini, 2003, p. 308). Os dados disponíveis em sistemas digitais favorecem o desenvolvimento de estudos e as trocas entre comunidades científicas, disponibilizando o conhecimento de forma democrática e permitindo simulações nas áreas de engenharia, medicina e arquitetura, o que reduz a distância entre concepção e execução, como também entre "conhecimento e aplicação, informação e decisão" (p. 308).

Nas questões que envolvem diretamente o mercado, pode-se dizer que tratamos hoje de uma economia informacional que altera a natureza do trabalho, não apenas criando uma interdependência cada vez maior que estabelece novas áreas profissionais (principalmente de âmbito internacional), mas também gerando um conceito de capital fluido, líquido, que tem a "habilidade de desaparecer como Houdini, 'artista da fuga'" (Bauman, 2001, p. 173), capaz de atravessar o mundo instantaneamente. Os capitais são fluidos porque "'não podem suportar uma força tangencial ou deformante quando imóveis' e assim 'sofrem uma constante mudança de forma quando submetidos a tal pressão'" (Bauman, 2001, p. 7, em referência ao significado de "líquido", da Enciclopédia Britânica, para explicar o tema de seu livro *Modernidade líquida*).

A produção *just-in-time* é um bom exemplo desse fenômeno, pois ocorre de forma desterritorializada, pulverizada, com inúmeras localidades participantes em um mesmo processo, tendo como consequência a desvalorização da força trabalhadora. Isso se dá porque o capital transita instantaneamente por todo o globo e não depende dos locais onde a força de trabalho está concentrada, isto é, os lugares de produção estão dispersos por todo o mundo:

> O capital depende, para sua competitividade, eficácia e lucratividade, dos consumidores – e seus itinerários são guiados pela presença ou ausência de consumidores ou pela chance da produção de consumidores, de gerar e depois fortalecer a demanda pelas ideias em oferta. (Bauman, 2001, p. 174)

Além do mais, o trabalho se fragmentou e passou a intensificar a prestação de serviços, que também acaba sendo pulverizada por todo o globo.

Essa interdependência econômica mundial possibilitada pelas redes informacionais intensifica a importância do fator "tempo", e as transações acabam se dando em tempo real. Manuel Castells (1999, p. 39), ao desenvolver uma análise geral desse novo cenário, ressalta suas principais consequências:

- Descentralização das empresas e sua reorganização em redes, tanto internamente quanto em suas relações com outras empresas;
- Declínio da influência dos movimentos de trabalhadores diante da imaterialidade do capital;
- Individualização e diversificação cada vez maior das relações de trabalho;
- Incorporação maciça das mulheres na força de trabalho remunerada, geralmente em condições discriminatórias;[34]
- Aumento da concorrência econômica global em um contexto de progressiva diferenciação de cenários geográficos e culturais, visando à acumulação e à gestão de capital;
- Consolidação do Extremo Oriente como centro industrial.

Negri e Hardt (2001) propõem justamente a passagem de um período imperialista – em que países como os Estados Unidos exercem um notável controle sobre outros, desfavorecidos – para o que chamam de dinâmica do império. Nesta nova configuração, o império torna-se uma substância política, sem fronteiras e desterritorializada. O "novo império" compõe-se de organismos supranacionais[35] e transnacionais,[36] regidos por uma única regra, a qual não se apresenta de forma centralizada, isto é, não tem um centro físico nem seu

---

34 Vale lembrar que a indústria da moda nascida no século XIX fundamentou-se principalmente no trabalho de mulheres e crianças, segundo Joane Entwistle em *The fashioned body* (2000, p. 209).

35 "Aquilo que pertence a um organismo ou a um poder posto acima do governo de cada nação." *Dicionário Houaiss*, 2001.

36 "Diz-se de fatores, atividades ou políticas comuns a várias nações integradas na mesma união política e/ou econômica." *Dicionário Houaiss*, 2001.

órgão institucional possui uma sede fixa (além de ser formado, tal como a Organização Mundial do Comércio – OMC, por vários países). Nesse contexto, a cultura pode tornar-se internacional, sem que necessariamente adote um cunho imperialista (Featherstone, 1997, p. 24).

Existe hoje uma intervenção de cunho mundial que leva as localidades a se ajustarem a esses órgãos (Negri & Hardt, 2001).[37] A ênfase nos conceitos de democracia e liberalismo favorece a expansão do capitalismo – e este necessita, cada vez mais, de novos mercados para poder se expandir. Com isso, vemos a proliferação de "produtos" em seus inúmeros desdobramentos, que permite a uma gama de discursos cada vez maior adotar esse termo. Zizek (2002, p. 16) critica esse movimento: "democracia e liberdade (...) são termos falsos, que mistificam nossa percepção da situação, em vez de nos permitir pensá-la".

Esse autor analisa a maneira pela qual os Estados Unidos impõem a liberdade de escolha, desde que a escolha seja a "correta". Assim, assumimos uma vivência do capitalismo que nos distancia daquilo que se passa. O "império" atual – não mais representado pelos Estados Unidos, mas fundamentalmente pelos organismos supranacionais – permeia as nossas vidas. A desmaterialização da vida real é o grande espetáculo de hoje, proporcionado pela "liberdade" do capitalismo, que se mostra num controle multifacetado e se confirma no esvaziamento do produto, na busca por uma atribuição de novos pesos simbólicos.[38]

Para Giddens (1991), vivemos hoje uma constante reordenação, reflexo das relações sociais que se veem permeadas por uma contínua entrada de conhecimento, o qual afeta as ações de indivíduos e de grupos. Sentimo-nos "apanhados" por eventos que não compreendemos plenamente. Como consequência, sofremos uma crise da identidade – nos vemos permeados pela dinâmica desterritorializada e pluralizada. Com medo de nos sentirmos "engolidos" pela perda de referências mais estáveis, geramos um movimento de recuperação de ritos e manifestações culturais que haviam sido esquecidos – folclore, artesanato, rituais indígenas, rituais religiosos –, que, ao mesmo tempo, valem para nos diferenciar no mercado internacional.

---

37 Seminário sobre o livro *Império* (Negri & Hardt, 2001), apresentado em abril de 2005 por Edilson Cazeloto à disciplina "Seminário de Estudos Avançados", a cargo do Prof. Dr. José Luís Aidar Prado, PUC-SP.

38 Anotações de aula do Prof Dr. José Luís Aidar Prado, em seu curso "Comunicação, discurso e incomunicabilidade no mundo globalizado". 1º semestre de 2005, COS, PUC-SP.

Logo, o processo econômico de globalização e a mundialização da cultura devem ser entendidos como um processo, e não como o estabelecimento de um sistema, mesmo que todos possam algumas vezes compartilhar das mesmas experiências de forma similar (homogeneização). Afinal, a sobreposição das culturas pode se dar de formas variadas e muito específicas (heterogeneização). De acordo com Featherstone (1997), as culturas se sobrepõem umas às outras de forma intensa e não dependem mais apenas de sua formação dentro do domínio dos Estados-nação. Isso passa a ser possível em função dos desenvolvimentos tecnológicos na área da comunicação. Assim, podemos dizer que, por um lado, temos a preponderância de uma cultura que se estende por todo o globo (p. 21), pois "culturas heterogêneas tornam-se incorporadas e integradas a uma cultura dominante que acaba por cobrir o mundo inteiro. Coisas que eram mantidas separadas são, agora, colocadas em contato e justaposição". O que acontece é uma conscientização das diversidades: "um campo no qual se exerçam as diferenças, as lutas de poder e as disputas em torno do prestígio cultural" (p. 31). O processo de globalização coloca as diversas culturas numa "vitrina mundial, na qual os exemplos exóticos distantes sejam trazidos diretamente para o lar" (p. 30).

Um exemplo do primeiro caso, da homogeneização, pôde ser visto na assistência mundial prestada às vítimas do *tsunami* de dezembro de 2004, em alguns países asiáticos. Situações como essa são raras e vêm permeadas com todo o padrão de violência que constitui uma nação atual – casos de sequestro, pedofilia e vandalismo. No segundo caso, da heterogeneização, temos o uso das imagens em noticiário após o ataque de 11 de setembro de 2001, nos Estados Unidos. Essas imagens – analisadas em quatro países: Brasil, China, Alemanha e Estados Unidos – são objeto de uma pesquisa desenvolvida pelo professor Peter Ludes, da Universidade de Bremen, na Alemanha.[39] A utilização das imagens em quase nada coincidiu, nos quatro países, demonstrando como um evento mundial pode ser comunicado de formas diversas, isto é, de maneira heterogênea, de acordo com particularidades de cada lugar (nos Estados Unidos, a reportagem enaltecia o espírito norte-americano de luta contra o "mal", sendo eles como "ases indomáveis"; no Brasil, a reportagem trazia música de fundo de cunho melodramático).

39 Palestra realizada na PUC-SP em 22.3.2005 sobre o tema The World Language of key visuals: Brazil, China, Germany and United States.

Eduardo Neiva (1997, p. 133) propõe que não se pode tratar o processo de globalização partindo da ideia de que "todas as sociedades se qualifiquem como estáveis e ordenadas, num momento histórico regido pela instabilidade(...)". Featherstone (1990, p. 7), por sua vez, conclui que a lógica binária para compreender as trocas culturais (como, por exemplo, "dentro" / "fora"; cultura nacional / cultura estrangeira) para tal análise deve ser descartada, uma vez que não se trata de trocas apenas entre estados nacionais, mas de "processos que transcendem a unidade da sociedade estatal"; assim, podemos afirmar que ocorrem em âmbito transnacional(...)". São processos que não ocorrem linearmente, de forma bilateral, mas

> transsociais, que assumem uma variedade de formas, algumas das quais anteriores às relações interestaduais, nas quais podem ser considerados inseridos os estados nacionais, e processos que sustentam a permuta e o fluxo de mercadorias, de pessoas, de informações, conhecimentos e imagens(...) (Featherstone, 1990, p. 7)

3.2 As diferenças

A questão das diferenças é relevante para o processo de globalização. Nesse processo, "diferenças" referem-se à hierarquização, pois existe um referencial simbólico e de mercado que as estabelece como tais. O tratamento sobre o "diferente" passa a ser levado em consideração a partir da década de 1960, e no âmbito da moda surge atrelado aos movimentos de contracultura e antimoda. Também os elementos de rua, antes ignorados, passam a integrar-se em coleções de alta-costura, como fizeram Yves Saint-Laurent, no início da década de 1960, com a jaqueta de couro preta, Mary Quant (já de um movimento antimoda), difundindo a minissaia, e André Courrèges. São diferenças antes marginalizadas, que ganham foco por serem agora tratadas como necessárias, não mais inferiores. Para Featherstone (1997, p. 73), ganha corpo o "temor de ser engolido pelo rebanho".

Muitas dessas diferenças são incorporadas pela organização sistemática dos espaços sociais em que os produtos difundidos devem ser consumidos: "Essa ordem estrutura a vida dos consumidores e prescreve comportamentos e modos de percepção adequados a cada situação" (Canclini, 2003, p. 301). Porém, falar em heterogeneidade de produtos na atualidade não é o mesmo que falar em democracia. Para Ortiz (1994a, p. 25-8), a situação global é complexa justamente porque ela se alimenta das diferenças. Diferenças essas que devem se *nativizar* e adaptar-se aos padrões das culturas específicas pela remodelação de tais especificidades, que realimentarão o processo:

> O processo de mundialização é um fenômeno social total que permeia o conjunto das manifestações culturais. Para existir, ele deve localizar-se, enraizar-se nas práticas cotidianas dos homens, sem o que seria uma expressão abstrata das relações sociais. Com a emergência de uma sociedade globalizada, a totalidade cultural remodela portanto, sem a necessidade de raciocinarmos em termos sistêmicos, a "situação" na qual se encontravam as múltiplas particularidades. (Ortiz, 1994a, p. 31)

É necessário, no entanto, esclarecer que a "diferença" é algo complexo e que pode ser compreendido de muitas maneiras, como aponta Pierucci (1999) em seu livro *Ciladas da diferença*. São, no mínimo, duas as vertentes de pensamento que tratam desse assunto. A primeira é de origem conservadora e sempre fundamentou seus discursos na ideia da diferença. Para essa linha, como também para a concepção do racismo, a dinâmica se impõe através da "rejeição das diferenças (...) depois da afirmação enfática da diferença" (p. 27). Esse discurso refuta aquilo que é diferente e se afirma sobre a diferença.

A segunda vertente provém de um grupo de esquerda, de onde nasce também uma nova corrente no movimento feminista, que passa a fundamentar seu discurso sobre o "respeito às diferenças" (p. 31). Logo, onde sempre se buscou a igualdade – ou uma ideologia firmada na questão da igualdade –, passa-se a propor a "aceitação das diferenças" em favor de uma sociedade mais igualitária. Pierucci lembra as palavras de Joan Scott, feminista norte-americana: a questão consiste em não estabelecer o discurso no conceito binário "igualdade-*versus*-diferença" para que não se corra o risco de ter que optar por um ou por outro. Deve-se, portanto, reconhecer a multiplicidade das diferenças. Joan Scott propõe uma desconstrução de tal conceito binário e uma análise intensa da complexidade de diversas questões plurais que podem nos encaminhar para uma sociedade mais democrática. De qualquer forma, o processo de globalização coloca as diferenças num plano internacional e, ainda, em tempo real.

Toda a dinâmica atual da globalização não passa de uma busca frenética pela novidade, tendo em vista a conquista de mercados cada vez mais vastos, como também o fornecimento de produtos básicos, como o alimento, para determinados mercados. E até mesmo esses produtos básicos são inovados e apresentados sob diversas formas e diferentes atrativos, tornando-se plurais, com base apenas no discurso que oferecem. O que vemos é o consumo de sistemas de objetos, "o sistema de signos que caracteriza o código" (Featherstone 1997, p. 38). São estratégias encontradas pelas marcas através da propaganda, buscando dar novo significado ao produto através de cadeias associativas de significado a fim de garantir suas vendas.

Falar em "novo" implica falar em "diferente", uma vez que algo só pode ser diferente em relação a alguma coisa já posta, isto é, aquilo a que estamos acostumados, aquilo que já está ao nosso redor. E esse entorno que nos envolve, que nos toca em alguma instância, não nos esqueçamos, é complexo e inclui tudo o que os canais de informação nos trazem.

A especialização das marcas em "estilo de vida" focaliza justamente a questão do "diferente". Segmentação de mercado e criação de novos estilos propostos pela indústria da moda são sinônimos de "busca pelo diferente", ainda que não passem de estratégias do sistema capitalista no intuito de penetrar as diversas culturas. Por mais que haja uma fragmentação no binômio Oriente-Ocidente, para Friedman (1999, p. 329), a hegemonia capitalista "permanece tão intacta e tão sistematicamente coesa como nunca". Destaca-se a estratégia de internacionalização das diferenças, quando o que se deseja é apenas disseminar o produto em âmbito mundial a partir de especializações. De acordo com Nízia Villaça (2002, p. 94), o uso atual da ideia de "estilo de vida" fundamenta-se na dinâmica do consumo, que por sua vez, está ligada à questão das "preferências ético/morais, dos comportamentos", o que facilita a compreensão das práticas dos diversos grupos sociais.

Entendemos por "estilo de vida" a percepção do gosto de um indivíduo em todas as suas práticas, isto é, naquilo que determina as suas propensões e o torna apto à apropriação. De acordo com Pierre Bourdieu, esses são

> (...) os sistemas de desvios diferenciais que são a retradução simbólica de diferenças objetivamente inscritas nas condições de existência. [São] As práticas e as propriedades que constituem uma expressão sistemática das condições de existência ... As práticas através das quais ele [o indivíduo] se marca e se demarca. (em Ortiz, 1994b, p. 82-3)

Nessa complexidade que fragmenta e desfragmenta diversos âmbitos da vida – comunicação, sociedade, economia –, que integra e desintegra, "surge uma alienação entre grupos sociais e indivíduos, que passam a considerar o outro um estranho, finalmente, uma ameaça" (Castells, 1999, p. 41).

Para explicar o "estranho", Bauman (1999, p. 63, 71) parte da construção da ambivalência social fundamentada na ideia de "amigos" e "inimigos". Enquanto os primeiros se estabelecem pela cooperação, pela responsabilidade e pelo dever moral, os segundos "são criados pela pragmática da luta", rejeitando a responsabilidade pelo "meu bem-estar antes que eu rejeite [a] responsabilidade pelo bem-estar deles" (p. 63). Essa ambivalência estabelece uma separação entre a verdade e a falsidade, e entre a beleza e a feiura.

O problema da sociedade global de hoje surge da intensa hibridação das culturas – nossa realidade não nos permite separar facilmente uns e outros. Passamos a lidar com o "estranho", aquele que foge à polaridade à qual estamos acostumados. O "estranho" é indefinível. Ele se situa entre o amigo e o inimigo:

> Os indefiníveis são todos nem uma coisa nem outra, o que equivale a dizer que eles militam contra uma coisa e outra. Sua subdeterminação é sua força: porque nada são, podem ser tudo. Eles põem fim ao poder ordenador da oposição e, assim, ao poder ordenador dos narradores da oposição. As oposições possibilitam o conhecimento e a ação: as indefinições os paralisam. Os indefiníveis expõem brutalmente o artifício, a fragilidade, a impostura da separação mais vital. Eles colocam o exterior dentro e envenenam o conforto da ordem com a suspeita do caos. (Bauman 1999, p. 65)

É exatamente a questão do "estranho" que analisaremos mais adiante, neste trabalho, sob uma estética que abarque não apenas o feio, mas também o "não decodificável". Uma estética que aceite o desconforto provocado por aquilo que não cabe na definição de "belo ou feio", em função da hibridação intensa das culturas e de nossa incapacidade de decodificar toda essa produção.[40]

Buscamos fugir ao desconforto, identificando o "estranho" como amigo ou inimigo, associando a ele discursos simbólicos no intuito de torná-lo reconhecível. É assim que Zizek (2002, p. 55-67) vê a ação do governo norte-americano diante dos terroristas – busca incessantemente identificar o desconhecido, a fim de reconhe-

---

40 O conceito de "estranho" que utilizo neste trabalho está fundamentado no discurso de Zigmunt Bauman em relação a essa palavra, que se torna um evento na sociedade globalizada.

cê-lo e poder agir. Isto porque o "inimigo" não é facilmente identificável, e pode, portanto, estar em qualquer lugar, a qualquer hora.

Como a *identidade* é fundamental para o indivíduo, passamos a viver uma intensa busca de significados durante nossa formação, seja ela individual ou coletiva, com base nos múltiplos elementos culturais que estão à nossa disposição. Acabamos por formar grupos na mesma rapidez com que os separamos.

Canclini (2003) afirma que a identidade coletiva é remodelada pela hibridação das culturas e fragmentada por elas. Hoje, as cidades não representam uma forma de coletividade. O espaço de identificação é desmaterializado, não é mais a cidade em sua fisicalidade, como um todo. Portanto, uma das transformações causadas pela tecnologização da sociedade "é a reorganização dos vínculos entre grupos e sistemas simbólicos; os descolecionamentos[41] e as hibridações já não permitem vincular rigidamente as classes sociais com os estratos culturais" (p. 309). Surgem, assim, comunidades virtuais que passam a dar um novo sentido de coletividade ao cidadão, bem como associações em torno dos produtos consumidos, que também acabam servindo de sistemas simbólicos de identificação. Por exemplo, coletividades pelos consumidores da mesma calça GAP que possuem alguns pontos em comum em seus estilos de vida.

Como demonstra Renato Ortiz, a sociedade de consumo se vê abarrotada de significados, mesmo que estes constituam os elementos que auxiliarão a formação de cada identidade. Trava-se uma luta por construir uma identidade, e a imagem de nosso corpo acaba por ser o principal meio nessa construção. De um sistema rígido de regras, a moda passa a ser "uma estratégia corporal na busca de mais expressão, propiciando movimentos de simulação e dissimulação, aumentando o poder do corpo de afetar e ser afetado" (Nízia Villaça, 2002, p. 93). Com isso, o excesso de informação coloca em crise a maneira de se identificar e ser identificado pelo "outro".

---

41 Para Canclini, coleções eram formas de organizar os bens simbólicos baseados em separação e hierarquias de grupos: "Aos que eram cultos, pertenciam certos tipos de quadros, de músicas e de livros (...) Conhecer sua organização já era uma forma de possuí-los (...) havia um repertório do folclore, dos objetos de povos ou classes que tinham outros costumes e por isso outras coleções" (p. 302-3). A agonia das "coleções" é a dissolução desse tipo de categorização, pois as culturas se agrupam de formas instáveis e se organizam de acordo com "as modas" (p. 304) e as tecnologias de reprodução.

Nízia Villaça afirma, também, que na dinâmica atual os produtos são bens simbólicos[42] que estão em constante mudança de valores, dada pelo consumo como um processo sociocultural. Para essa autora, as apropriações dos produtos se dão de várias formas, uma vez que cada consumidor dota o objeto de um significado particular.

Assim, o corpo também se torna um produto. Na busca por perfeição ou por um ideal de beleza, seres humanos sujeitam-se cada vez mais a intervenções cirúrgicas para se diferenciarem. Mas, como afirma Goodall (2000, p. 149), num mundo de *commodities*, o produto mais refinado do design humano combina beleza com funcionalidade perfeita. As pessoas, muitas vezes, acabam assemelhando-se umas às outras por todas se referenciarem em uns poucos padrões difundidos mundo afora.

Muitos compram roupas em busca de uma significação constante porque o significado das peças compradas anteriormente se perdeu, mas também o corpo se transforma em produto que pode ser comprado mediante intervenções cirúrgicas (Clarke, 2000, p. 193). E a procura por significação individual acaba por se transformar em "individualização coletiva" quando tratamos da indústria de massa, ao passo que, na indústria do luxo, os artigos mais raros permanecem quase exclusivos.

Essa "individualização coletiva" pode parecer contraditória, mas faz sentido se pensarmos que formas, cores e volumes são repetidos intensamente no período de uma estação, tanto no prêt-à-porter de grandes lojas como na indústria da cópia. Canclini (2003) afirma que "o mundo é visto como efervescência descontínua de imagens", num paralelo com a efemeridade e com o descompromisso na associação de imagens por parte da indústria da moda: "Essa cultura *prêt-à-penser* permite 'des-pensar' os acontecimentos históricos sem preocupar-se em entendê-los" (p. 306). É o que veremos a seguir.

---

42 De acordo com Featherstone (1997, p. 40-1) os bens simbólicos delimitam fronteiras entre os grupos, criando e demarcando diferenças ou situando o que existe de comum entre grupos de pessoas (p. 40). Essa delimitação se dá pelo aspecto simbólico que representa as preferências de um indivíduo nas suas práticas cotidianas. Na medida em que esses bens são dotados de estruturas simbólicas, eles auxiliam a demarcação de classe e a afirmação de gosto, servindo como comunicadores sociais. Estabelecem hierarquias sociais e de preferências na sociedade de consumo. O simbolismo desses bens pode resultar do trabalho de especialistas do marketing e da propaganda, que elaboram o aspecto imaginário, contribuindo para a construção de modelos variados que atuarão como marcadores sociais e de estilo.

A moda parece antecipar essa individualização coletiva, graças à sua rapidez de renovação e à sua capacidade de detectar grupos. Pesquisas cada vez mais especializadas focalizam indicadores de novos estilos de vida. Aliadas à difusão das informações por aparatos digitais, levam a ideia de tendências a se difundir instantaneamente, como também a se diversificar. E essa diversificação ocorre não apenas nos produtos, mas também entre os profissionais – os pesquisadores de comportamento, por exemplo, não existiam alguns anos atrás. Esses pesquisadores fornecem dados que serão utilizados de inúmeras maneiras, tanto para homogeneizar como para heterogeneizar as silhuetas.

Tais pesquisadores de tendência povoam todo o globo, bem como os *personal stylists*, que buscam soluções identitárias para pessoas que se perdem na multiplicidade das formas e das cores. Cada vez mais se formam "exércitos" desses pesquisadores, que se espalham pelo planeta munidos com suas câmeras digitais. São contratados por escritórios de estilo ou marcas e captam mínimos detalhes diferenciadores. Suas informações são enviadas instantaneamente, tanto para estudo como para veiculação em sites cuja assinatura chega a custar 11 mil dólares por ano (é o caso do www.wgsn.com) ou de sites livres para consultas (por exemplo, www.style-arena.jp/english/street/past/p1-h.htm e http://thesartorialist.blogspot.com/).

A economia atual, esta que chamamos de globalizada, diz respeito muito mais a uma economia informacional tecnológica na qual existem centros controladores. Estes são pontos em que as decisões principais são tomadas e transmitidas, mediante tecnologias digitais, para outros tantos pontos espalhados pelo globo (Castells, 1999). Esses centros são chamados de "nós", conexões nas quais se cria o que esse autor chama de "espaços de fluxos". Na sociedade resultante dessa dinâmica, a economia está "organizada em torno de centros de controle e comandos capazes de coordenar, inovar e gerenciar as atividades interligadas em rede de empresas" (p. 435).

Já estamos, obviamente, tratando da dissolução do binômio centro-periferia. As atividades das empresas representam uma questão global, dependendo de diversos pontos espalhados pelo globo. Isso produz consequências na sociedade, pois esse "espaço é um produto material em relação a outros produtos materiais – inclusive as pessoas – as quais se envolvem em relações sociais determinadas que dão ao espaço uma nova forma, uma função e um sentido social" (p. 435).

A cultura de diversas localidades sofre, portanto, influência das relações globais, formadas pela ligação em rede de inúmeras localidades. Esse movimento é nítido, tanto nas relações econômicas como nas sociais e culturais. Na moda, a indústria envolve não só o setor de criação e a área têxtil, química e tecnológica, mas até mesmo a agricultura, e no outro extremo envolve o consumidor, em função da dinâmica comportamental da sociedade de consumo. Essa dinâmica é caracterizada na atualidade pela desterritorialização da produção e pelo consumo mundializado. No entanto, algumas estratégias são planejadas para que esse consumo seja garantido em virtude do sentimento nacionalista que muitas vezes emerge durante o processo de globalização. O *glocalismo* é uma dessas estratégias.

3.3 Glocalismo – uma dimensão do global

O *glocalismo* é um movimento que busca não apenas a sobrevivência da indústria capitalista, pela venda eficaz, mas também a hibridação das culturas em tempo real. Na sociedade contemporânea, as relações se intensificam e podem se homogeneizar e heterogeneizar ao mesmo tempo, ou seja, se tornam mais complexas. Ortiz dá o exemplo da língua inglesa (1994a, p. 28), que não pode ser considerada universal enquanto se enraiza e "nativiza" nas diversas nações e nas diversas culturas. Para Featherstone (1990), *glocalismo* é um termo que "se refere a uma estratégia global que não procura impor um produto ou imagem padronizada, mas que, ao invés, se ajusta às demandas do mercado local" (p. 25).

O que temos visto é que multinacionais têm se valido de signos das culturas nacionais para ter melhor aceitação nos países de interesse.

Esse fenômeno chamado *glocalismo* vem acontecendo há muito tempo e nos mais variados setores – por exemplo, na adaptação de receitas gastronômicas ao gosto do lugar onde serão executadas. A abordagem de uma empresa em cada localidade terá de ser diferente ou específica. A estratégia de marketing das empresas é que poderá levar ao reconhecimento de ícones – personalidades esportivas, por exemplo – em âmbito internacional, no intuito de encontrar sistemas simbólicos equivalentes para permear as diversas culturas. Mas esses ícones serão reconhecidos também por sua origem geográfica, confirmando a permanência das fronteiras.

Voltando aos exemplos da área gastronômica, a marca Philadelphia de queijo cremoso adaptou suas receitas para cada país em que atua: nos Estados Unidos, a receita possui 14 por cento de gordura a mais do que na Itália, assim como a maionese Hellmann's encontrada em Londres possui metade da gordura daquela feita em Chicago.[43]

O *glocalismo* também se aplica à moda em questões muito básicas. Algumas marcas, ao chegarem a determinado país, enfrentam grande dificuldade em vender seus produtos, muitas vezes porque a modelagem da roupa não condiz com a cultura do lugar. Para melhorar as vendas, surge a necessidade de adequar a modelagem aos padrões de preferência do consumidor. Como exemplo, as jovens no Brasil apreciam calças jeans de cós baixo, assim como biquínis e lingerie em modelagem menor. É difícil estabelecer um padrão de grade do corpo do brasileiro, especialmente para as mulheres, pois são detectados diversos modelos de corpo em virtude da miscigenação recente e plural.

Os problemas relacionados à diversificação surgem, também, quando as empresas passam a produzir em diversos pontos do mundo, pulverizando a fabricação. Nesse caso, o que importa é a capacidade de adaptação dos executivos em países diferentes – eles precisam, necessariamente, ajustar-se à cultura do lugar, não só no aspecto econômico, mas também nas relações sociais. É o caso de executivos chineses que se estabelecem no Brasil e encontram dificuldades para lidar com trabalhadores locais: "o que para os gerentes chineses é disciplina e economia, para as comunidades locais, é arrogância e avareza".[44]

Esse exemplo mostra que na aproximação entre as culturas ganha corpo o choque das diferenças, e isto deve ser superado para que se atinjam os fins econômicos desejados. Por um lado, quanto mais se internacionalizam as culturas, mais nos damos conta das diferenças que nos separam dos demais povos. Por outro lado, na medida em que esses obstáculos são superados, estabelece-se uma nova cultura. É um processo longo, que não se realiza instantaneamente. Trata-se da necessidade de "nativizar-se", de compreender a cultura local e fazer parte dela, mesmo que muitas diferenças ainda persistam.

A moda atual caracteriza-se, portanto, por produtos com significados trabalhados tanto pela indústria como pelo marketing que encontram no

43 *O Estado de S. Paulo*, 20.8.2004, p. B14.

44 Matéria publicada no jornal *O Estado de S. Paulo* (originária do *The Wall Street Journal*), 12.1.2005, p. B18.

glocalismo uma maneira de permear os diversos mercados. Assim, os movimentos de homogeneização e heterogeneização se interpõem, como aspectos distintos dessa cultura global e como consequências da estratégia que leva a moda a alcançar consumidores por todo o globo.

3.4 Movimentos homogêneos e heterogêneos na moda

A moda é um fenômeno fundamental para as trocas culturais da sociedade moderna, assim como a arquitetura, a decoração de interiores e as artes plásticas. No entanto, a moda é a primeira área que sistematiza o "novo", uma "nova organização do efêmero", e se torna uma instituição (Lipovetsky, 1989, p. 69, 71) a partir de meados do século XIX, na nova sociedade de consumo. A alta-costura é uma instituição hipercentralizada em Paris (Lipovetsky, 1989, p. 73), vendida para diversos países e copiada pela indústria de massa, ainda que precariamente. Em outras palavras, ao mesmo tempo em que concentra a criação de padrões estéticos em Paris, ela é de difusão internacional, pois é copiada por muitos países, como Estados Unidos e Inglaterra.

A alta-costura de Paris é chamada por Lipovetsky de "pólo mundial de atração e de imitação" (1989, p. 107) e constitui um dos primeiros elementos que servirão à sociedade de consumo para a construção de sua identidade, mediante a imitação e a distinção. Para Ortiz, o consumo é um mundo de símbolos pleno de referências para a construção da identidade e cria vínculos entre as pessoas, instituindo uma hierarquia dos códigos, e a vestimenta funciona como uma dessas referências. Além disso, a moda sempre foi uma atividade que se fundamenta em "duas cabeças – econômica e estética. A lógica do lucro favoreceu a criação das novidades (...)" (Lipovetsky, 1989, p. 100).

Mesmo no surgimento daquilo que Lipovetsky chama de "moda moderna", o binômio homogeneização e heterogeneização já se fazia presente: enquanto a alta-costura estabelecia novidades – isto é, diferenças –, a indústria de massa reproduzia alguns modelos de maneira uniforme – roupas mais tradicionais.

Como já vimos, a indústria da cópia ganha força e importância ao longo do tempo, tornando-se cada vez mais aprimorada. Mas a moda se enriquece também com a profissionalização do prêt-à-porter e com a criação pulverizada, favorecida tanto pelo desejo de novidade como pela entrada em cena de novos mercados. Também os desenvolvimentos tecnológicos vêm subverter a ordem antiga, pois tudo se fundamenta, hoje, na comunicação digital que sustenta a sociedade em rede.

Propomos mostrar, neste trabalho, a legitimação da fragmentação da indústria da moda como fator de subversão da ordem antiga, visando a especialização, a particularização e, ao mesmo tempo, uma universalização. Esta última se instaura tanto pela disponibilidade generalizada dos produtos quanto pela pulverização da produção. Como já vimos, os mais variados itens podem estar ao alcance dos consumidores nas localidades mais distantes, quase imediatamente, graças à comunicação digital instantânea que viabiliza produção e distribuição rápidas.

> O processo produtivo incorpora componentes produzidos em vários locais diferentes, por diferentes empresas, e montados para atingir finalidades e mercados específicos em uma nova forma de produção e comercialização: produção em grande volume, flexível e sob encomenda. (Castells, 1999, p. 114)

Podemos citar os exemplos da Levi's, que terceirizou toda a sua linha de produção, e da Santista, que abriu escritórios em vários países. Conseguir exportar para diversos pontos do globo requer uma discussão internacional envolvendo tarifas externas e internas. Estas, algumas vezes, são favorecidas pelos países que detêm maior poder de decisão nas questões internacionais. Assim, para proteger a empresa, e também para garantir sua força no mercado internacional, tornam-se fundamentais fatores como subsídios internos, custo da mão de obra e tarifas para produtos importados.

A customização em massa é uma atividade que representa muito bem a coexistência entre movimentos homogeneizadores e heterogeneizadores. Produzem-se itens em massa, estandardizados, mas, ao mesmo tempo, busca-se uma maneira de particularizar tais produtos, mesmo que esta seja uma particularização também "em massa". É o que ocorre, por exemplo, na disseminação de *kits* com linha, agulha, fuxico, miçangas e bordado para camisetas: o consumidor pode comprar calças jeans ou camisetas com esses *kits* e personalizar suas peças – cada peça terá uma caracterização diferente de acordo com a sua maneira de costurar os bordados e as miçangas. É uma peça personalizada a partir de adereços que muitos também terão disponíveis.

Para sobreviver, a moda naturalmente busca novas referências culturais, filtradas pelos criadores, tendo por objetivo apresentar o novo constantemente. No entanto, moda é difusão e novidade. Ela é paradoxal por natureza, pois a novidade só tem o caráter de "novo" enquanto desconhecido por uma grande maioria, isto é, com um sistema simbólico peculiar – que está presente principalmente nas criações mais conceituais ou mais experimentais. O "novo" do mercado se diferencia do "novo" experimental porque o primeiro carrega construções sem equivalentes simbólicos. Ou seja, o criador voltado para o mercado particulariza algo para, depois, difundi-lo amplamente em determinado segmento.

Por exemplo, as calças jeans são um produto conhecido mundialmente. Permeiam a história da moda desde o século XIX, e atualmente assumem diversos modos de produção. Desde a indústria do luxo até a indústria da cópia, o jeans integra a coleção de quase todas as marcas. O material, o acabamento, a lavagem, a tecnologia, a marca e o preço são as maneiras pelas quais esse produto irá se diversificar e se diferenciar. É importante dizer que, muitas vezes, uma determinada facção – confecção terceirizada – produz as mesmas calças para marcas diversas. E como a intensidade da pesquisa é extrema, muitas vezes já não se sabe, hoje, quem copiou de quem. Mesmo as grandes marcas podem acabar copiando a sua própria cópia, que agregou um detalhe diferente à sua base original – se é que ainda podemos falar em originalidade.[45]

No que diz respeito a sua forma de produção atual, a grande maioria das marcas que produzem calças jeans (e outras peças) pode utilizar algodão proveniente de determinado país, que será tecido num segundo país, confeccionado num terceiro e, ainda, ser distribuído em diversos pontos do mundo de maneira rápida, viabilizada pela rede digital.

Toda a rede da moda – constituída por área de criação, cadeia têxtil, produção de peças, concepção e atuação das estratégias de marketing, desfiles e distribuição – já se encontra desterritorializada. Para tanto, os produtos de moda devem se difundir, o que acontece hoje de forma imediata. Consumidores de todo o mundo têm acesso àqueles produtos, ou seja, o uso das peças se homo-

45 Em 2004, a Santista Têxtil teve 45% dos seus negócios voltados para a exportação e, em 2005, estava se beneficiando das zonas de livre comércio com os Estados Unidos, abrindo produção fabril na América Central.
Como outra frente de avanço em sua estratégia, essa empresa começa a abrir escritórios na Europa, livrando-se de intermediários. O México é seu mais novo alvo, assim como a Colômbia, onde passará a confeccionar calças jeans aproveitando a recente lei que livra produtos têxteis de taxação alfandegária.
Também pretende manter estoques de tecidos no Porto de Roterdã, no intuito de facilitar a entrega.

geneíza. Essas peças trazem uma cultura global, rapidamente reconhecida por grande parte dos consumidores, e a partir dessa internacionalização tal cultura é viabilizada pelos meios digitais, mas, ao mesmo tempo, muitos desses produtos se valem de particularidades das culturas nas quais atuarão. Assim, a heterogeneização caracteriza-se não só pelos segmentos presentes lado a lado em uma mesma coleção – básico, clássico, *fashion*, esportivo e alternativo, entre outros –, como também pelo grande número de criadores espalhados por vários países. Surge, portanto, num mesmo evento, uma quantidade de estilos nunca vista.

3.5 Moda e globalismo – grandes marcas

O processo de globalização envolve elementos mundiais – dinâmica de conquista de mercado além das fronteiras, sob legislação internacional, alimentada pelos diversos fatores locais, a ponto de tornar cada vez mais difícil a separação entre centro e periferia, quase não fazendo mais sentido separar o mundo dessa maneira. Alguns lugares ainda podem ser considerados centros, na perspectiva de determinados setores ou tarefas, embora esses "centros" se mostrem dependentes de outros lugares. Dessa maneira, quando falamos em "rede econômica mundial", temos em mente uma rede comunicacional global, da qual se excluem apenas umas poucas regiões do globo que não participam desse processo generalizado. Essa comunidade global é identificada pelos produtos que consumimos, provenientes de empresas transnacionais. Assim também funciona a moda e sua indústria, e assim ela se justifica.

Essa indústria, ou seja, a moda como instituição da "criação estética da roupa", consolida-se na França e na Inglaterra, e também nos Estados Unidos, quanto ao aprimoramento da indústria de massa de confecção. Ela se legitima através da inovação, dada pela sazonalidade. Como a roupa constitui o nosso "ser social", e quem a produz é uma indústria de difusão internacional, a moda atual nos serve como um fator de reconhecimento ou de diferenciação mundial. A moda pode ser dada como um produto transnacional – marcas como Louis Vuitton, Dior, Armani e Gucci, pelos seus modos de produção fragmentados, pela estratégia das marcas no esforço de cobrir todo o globo – e ao mesmo tempo transcultural, pela utilização de referências culturais que vão além das fronteiras geográficas de um determinado local de criação, e pela maneira sob a qual é consumida.

A moda também auxilia na identificação entre comunidades em âmbito mundial, pois serve como elemento de identificação simbólica reconhecível como prática cultural. A busca pelo diferente se impõe na inovação de tecidos, formas, cores, estampas e bordados, por exemplo.

A característica mais importante da moda consiste no seu exercício por um grupo – os difusores –, cabendo ao restante da sociedade a tarefa de adotá-la. Tão logo um exemplo é universalmente adotado, tão logo algo que era feito originalmente por poucos passa a ser praticado por todos – como em várias formas sociais de conduta –, não se pode mais falar em "moda". À medida que a moda se espalha, gradualmente ela morre. Ou seja, a distinção inicial é destruída à medida que a moda se espalha (Simmel, em Levine, 1971, p. 296).

Ainda nas palavras de Simmel, a tendência à aceitação universal e à destruição do seu propósito inicial – a novidade – inclui uma atração peculiar à limitação, a atração a uma ideia simultânea de começo e fim, o charme da novidade associado ao da transitoriedade.

Para se manter na ideia do presente, do "agora", a moda envolve a questão "passado *versus* futuro". O passado se destaca pela valorização de uma marca secular, como consequência de seu tempo de existência – e uma marca que exista há um século só pode ser fruto da alta-costura, da lógica do luxo. O passado também se faz presente – de maneira óbvia – nas releituras que vêm surgindo em quase todas as coleções, especialmente a partir da década de 1980.[46] Ocorre uma ênfase no presente, proporcionando um sentido não reflexivo de imersão na imediatez das experiências e atividades usuais (Featherstone, 1997, p. 83). O futuro é visto nos novos materiais e nas novas formas, graças ao "novo" associado a esses fatores e às novas referências, adotadas de modo muito pessoal, pois quando não aproveitadas no instante de sua aparição, estas logo recebem a conotação de "passado". O presente é, portanto, intensamente manipulado no jogo entre efêmero e eterno.

A moda se vale, como vimos, cada vez mais de elementos multiculturais e transnacionais, que vão além das fronteiras culturais geograficamente estabelecidas. Isso acontece tanto para a criação quanto para as relações econô-

46 Não vamos ignorar, aqui, essa prática em momentos anteriores – Schiaparelli utiliza referências do período áureo da corte de Versailles, e o "New Look" de Dior não passa de uma citação clara da moda da Belle Époque –, mas o que nos interessa neste trabalho é ressaltar a maior frequência da citação no período atual.

micas, graças à sua difusão intensa durante o período de seis meses. Muitas coleções, no entanto, trazem novidades durante quase todo o período em que estão nas lojas, graças a uma constante inserção de peças novas. A indústria da moda atua remodelando as múltiplas particularidades de forma constante, numa escala de alcance global.

Como a economia global "é uma economia com capacidade de funcionar como unidade em tempo real, em escala planetária" (Castells, 1999, p. 111), o aspecto que a moda legitimada previu em fins do século XIX em sua atividade internacional foi favorecido pelos meios de comunicação rápidos do final do século XX, apenas reafirmando sua vocação globalizadora, uma vez que há muitos séculos os costureiros sempre exportaram para diversos lugares do mundo.

Ortiz afirma que o consumo hoje é um espaço planetário de cumplicidades e, por isso, a sua matriz é transnacional.[47] E a moda moderna constitui, desde a consolidação da sociedade de classes, no século XIX, um dos aspectos fundamentais dessa cumplicidade. "A roupa faz o homem" – é assim que Eric J. Hobsbawm inicia o capítulo sobre o mundo burguês em seu livro *A era do capital* (1977, p. 241). Em *O espírito das roupas*, Gilda de Melo e Souza (1987) dedica um capítulo todo à análise da moda como fator principal da distinção social e das dinâmicas de classes, e como identificador de grupos a partir do século XIX, no Ocidente. A roupa era e continua sendo uma ferramenta "para preservar uma demarcação social existente, mas ameaçada, [e aparece para] reforçar a todo momento uma realidade imponderável, cuja exteriorização conferisse a cada um uma segurança maior" (p. 111). A moda constitui uma prática cultural que pode ser vista como liberdade de expressão, na medida em que é possível vestir-se de forma particular em função das inúmeras opções atuais, mas, concomitantemente, sua indústria funciona como um órgão transnacional, controlador de hábitos e costumes. E essa indústria também funciona como intermediário cultural, por causa do excesso de produção de bens simbólicos (Featherstone, 1997, p. 43-4). Assim, num primeiro momento a moda anula as fronteiras entre as culturas por suas referências criativas multiculturais e por seu caráter que leva à ruptura de padrões, mas, em seguida, restabelece hierarquias por ser, ela mesma, uma dinâmica de consumo.

---

47 Palestra realizada pela Faculdade Senac de Moda e pela Faculdade Senac de Turismo e Hotelaria, no Seminário Internacional "Modernidade, cultura material e estilos de vida". MASP, São Paulo, 22.10.2004.

Ao mesmo tempo em que o consumo de moda se torna múltiplo e, consequentemente, global, as diversas modas enfrentam cada vez mais uma particularização – por exemplo, na pluralização dos estilos de vida. A moda denuncia a existência não apenas da separação de classes, mas também dos diversos modos de vida, que se dão em função da hibridação contemporânea entre as culturas. As pessoas passam a se envolver em mais de uma cultura, o que, de acordo com Featherstone (1999, p. 15), passa a acontecer a partir de 1960.

Assistimos, hoje, à passagem de uma produção padronizada para uma produção flexível, buscando atender à imprevisibilidade e à diversificação. Temos, assim, sistemas flexíveis de produção em grande volume (Castells, 1999, p. 176). Portanto, a indústria da moda produz uma série de imagens complexas valendo-se das dinâmicas capitalistas de produção e consumo e, mais ainda, do entrelaçamento de imagens concebido primeiramente por estilistas e por pequenos grupos conhecidos como "excêntricos" ou voltados a criações experimentais, inovando constantemente o panorama internacional da dinâmica de identificação e diferenciação. É bom lembrar que esses excêntricos eram antigamente vistos como "ameaças" aos padrões tradicionais e eram tratados como marginais. A partir da década de 1960, eles começam a ser levados em conta e chegam à atualidade como verdadeiros inspiradores da moda. Existe uma tendência de moda aguçada nas últimas décadas e que hoje parece ganhar cada vez mais força: muitos criadores, em geral os mais jovens, se valem de referências observadas nas mais diversas mídias, nos mais diversos lugares, para conceberem suas coleções.

O resultado é um abarrotamento de informações em cada uma das inúmeras coleções que propõem diversas tendências, refletindo um "corpo social" fragmentado, que encontra dificuldade no estabelecimento de sua identidade. De qualquer forma, está na moda representar a simultaneidade da vida cotidiana atual, assim como proposto já pelos vanguardistas do início do século XX. Para alguns desses criadores, deveria ainda haver uma não referência ao passado, o que acaba por acontecer quando tais referências são fragmentadas e superficiais. E o resultado não deixa de ser bom, em alguns casos: Herchcovitch, Marcelo Sommer, Érika Ikezili, Jean Paul Gaultier e John Galliano são bons exemplos.

A moda sempre se valeu de referências múltiplas. No entanto, o que diferencia a atualidade é o volume de informação que podemos obter quase simultaneamente, graças aos meios de comunicação, em especial os digitais. Além do mais, o número de estilistas que lançam coleções vem crescendo incrivelmente a cada estação, em vários países. Hoje em dia, além de Paris, Londres, Nova York, Tóquio e Milão, temos desfiles no Rio de Janeiro, em São Paulo, Lisboa, Toronto, Dubai, Hong Kong, Xangai, Istambul, Madri e Barcelona, entre outros – todos eles constituindo semanas oficiais de moda. E alguns estilistas apresentam suas criações em várias cidades. Vale lembrar que tais desfiles são de prêt-à-porter.

O novo da moda é colocado num palco, que advém da ideia do teatro (Troy, 2003, p. 87, 91), portanto da fantasia e do espetacular.[48] Por mais que aquilo mostrado na passarela tenha um destino definido, que é a venda, existe ainda um outro objetivo, que é o do deslumbre, da ilusão e da fantasia, além da quebra de valores estéticos. O que se quer mostrar é um conceito, e não uma peça de roupa. Logo, se o espetáculo é um evento que envolve todas essas características, o que se mostra no palco está muito além da coleção comercial. Aquilo que realmente nos arrebata é a "inutilidade" da moda, ou seja, a moda. O desfile não deve se restringir àquilo que vai ser vendido, deve buscar primordialmente a exacerbação do conceito.

O fato é que para isso é necessário um forte investimento de capital, cujo retorno financeiro se situa num futuro indefinido. O lado comercial das coleções deveria ser colocado em estandes de venda logo após o show. Os compradores poderiam fazer aí os seus pedidos – algo como se fez na São Paulo Fashion Week de janeiro de 2005. O problema é que a ideia se converteu em ferramenta para poupar tempo e espaço, entre aqueles que assistem ao evento. Desse modo, temos o fator econômico sobrepondo-se ao cultural, eclipsando o choque associado a este.

A velocidade com que a indústria da moda se apropria do comportamento não nos dá tempo de perceber o surgimento dos novos dados, em razão das tecnologias digitais. Mas não devemos subestimar a existência de comunidades formadas pela identificação afetiva entre seus indivíduos, como é o caso das tribos urbanas – fator tão considerado, atualmente, no âmbito da moda. As tribos em geral são absorvidas rapidamente pela indústria da moda, e esta auxilia na difusão de sua imagem e de suas condutas, embora não as crie. Para Maffesoli, observa-se hoje a emergência de novas formas de solidariedade coletiva, que po-

48 Tanto Poiret quanto Lucile apresentavam seus novos modelos aos clientes como se estes estivessem assistindo a uma peça de teatro. Lucile construiu palcos miniaturizados no interior de seu ateliê, com cortinas de chiffon e uma orquestra para acompanhar o desfile, enquanto os clientes acompanhavam o evento em um programa impresso.

dem ser compreendidas como coletividades afetivas transitórias, no que se denomina "neotribalismo". Algo que acontece principalmente em grandes cidades:

> (...) surgem em sociedades complexas que deram lugar a uma "multiplicidade pululante de valores heterogêneos" e politeístas ... [Notamos a] persistência de laços afetivos fortes, através dos quais as pessoas se unem em constelações com limites fluidos, a fim de vivenciar as múltiplas atrações, sensações, sensibilidades e vitalidade de uma comunidade extralógica, a sensação de estarem juntos, o sentimento comum gerado por uma adesão emocional comum a um signo reconhecível por outros. (Maffesoli, em Featherstone, 1997, p. 72)

Ainda restam alguns criadores que apresentam o espetáculo na passarela – é o que veremos mais adiante, na análise sobre os estilistas performáticos e conceituais.[49] Temos, aí, uma continuidade dos projetos de artistas do início do século XX, aqueles que buscavam permear todos os modos de vida com a sua arte.

As principais marcas vêm sendo progressivamente controladas pelos grandes grupos econômicos, naquilo que constitui o grande evento da organização da moda atual. Tal organização está desterritorializada e atua em todo o mundo, valendo-se de hibridações culturais tanto na criação quanto na maneira de produzir e atuar em diversos locais.

3.6 O caso dos produtos têxteis

A China vem se mostrando dominante em produtos da área têxtil porque dispõe de mão de obra barata, tecnologia avançada, preço e modo de distribuição eficientes, além de matéria-prima que consegue importar de diversos países a um preço razoável, inclusive do Brasil. A China representava 21% das importações brasileiras de têxteis e vestuário em 2002, tendo passado para 61% em 2009.[50] Alguns acusam a China de subfaturar produtos para que estes não paguem impostos. Também surgem frequentemente acusações de falsificação de produtos – de empresas como Louis Vuitton, entre outras –, numa evidente concorrência desleal. Mas o embaixador da China no Brasil, Jinang Yuande, vem combatendo essas críticas. O diplomata argumenta que houve um reajuste de 71,5% no preço do minério de ferro vendido pela Vale à Baosteel da China, e aquele país aceitou pacificamente a mudança.

---

49 No capítulo 4 .
50 Ibidem, p. B14.

Outros países, como os Estados Unidos e a Argentina, já se valeram de termos semelhantes contra a China, e a União Europeia busca outra saída. Com a mesma preocupação de proteger seu mercado, a União Europeia solicitou a preparação de um acordo sobre a importação de produtos têxteis chineses, envolvendo o aumento das tarifas de exportação – o que foi anunciado por Pequim em 28 de maio de 2005, em relação a 74 tipos de produtos têxteis, confirmando o que a União Europeia havia pedido. Caso a China não comprove essa taxação, a Comissão Europeia pedirá à OMC que investigue, para dar início à taxação.[51]

3.7 Alguns esclarecimentos sobre a indústria da moda no Brasil

Muito se tem falado sobre a moda "brasileira", sugerindo uma identidade própria. Será possível determinar uma moda caracteristicamente brasileira quando a discussão atual nos conduz para produções em âmbito internacional?

É importante lembrar que, até o fim da década de 1980, o Brasil tinha os seus produtos protegidos contra os importados, o que vinha se contrapor à nossa secular cultura de valorização do que vem de fora. Salvo raras exceções, em que Conrado Segreto e Maria Cândida Sarmento são os melhores exemplos, grande parte da moda que aqui se produzia era copiada do exterior.

Mas o apego ao que é estrangeiro, ao menos, pode ser explicado historicamente pela formação de nossa sociedade. Até a vinda da Família Real para o Brasil, no início do século XIX, a sociedade colonial contentava-se com a extração predatória de matérias-primas e a produção agrícola para exportação, em nada contribuindo para a valorização de quaisquer características locais. Até aí, não se distinguia das demais colônias da época, cujo traço comum era "o que é bom está lá fora".

Adèle Toussaint-Samson (2001), uma viajante francesa que viveu no Brasil na segunda metade do século XIX, dizia admirar-se ao ver como o brasileiro valorizava aquilo que estava fora de seu país.

O que diferencia nossa história é a chegada da Família Real, embora sua presença tenha apenas exacerbado a cópia dos exemplos e modelos portugueses, agora tão próximos. Afinal, as preocupações da Corte continuavam, como sempre, voltadas para a Europa. De acordo com Maria do Carmo Teixeira Rainho, é

51 *O Estado de S. Paulo,* Economia, 25.5.2005, p. B6.

com a chegada da Família Real que os hábitos brasileiros adquirem essas características voltadas para o exterior, na questão do gosto:

> No momento da chegada da Corte de D. João VI em 1808, as roupas dos membros da "boa sociedade", assim como as próprias feições urbanas, não faziam outra coisa a não ser refletir as características de uma quase aldeia que o Rio de Janeiro ainda mantinha. A cidade era um espaço identificado com o "atraso", muito mais próxima dos primórdios da colonização do que das mudanças que, em dez anos, alterariam a sua face e os costumes de seus habitantes. (Rainho, 2002, p. 48)

O cronista Luís Edmundo traça, em poucas linhas, um perfil do Rio de Janeiro antes da chegada da Corte: "embora fosse a capital do Vice-Reinado, a cidade estava confinada a uma restrita área central. Possuía ruas estreitas, mal calçadas, era suja, sem remoção de lixo e nenhuma noção de higiene ou saúde pública" (citado em Rainho, 2002, p. 48).

No mesmo ano da chegada da Família Real, os portos brasileiros foram abertos, e, em 1822, com a Independência, estabeleceu-se a integração do Brasil no mercado mundial. De acordo com Maria do Carmo Rainho, os produtos ligados à moda estavam nas mãos de estrangeiros: franceses e ingleses. Existia um verdadeiro fascínio pela moda francesa, expresso no *Almanaque Laemmert*, que ensinava onde encontrar tais produtos.

E as mudanças foram profundas:

> Além do incremento do comércio, a vinda da Corte portuguesa promoveu a europeização do Rio de Janeiro, o que criou novas exigências para a "boa sociedade". O contato com a aristocracia portuguesa e a burguesia industrial européia obrigou essa camada a adotar costumes e valores europeus como forma de igualar-se àqueles estratos e também para a obtenção de títulos nobiliárquicos. (Rainho, 2002, p. 53-4)

O norte-americano C. C. Andrews, cônsul-geral dos Estados Unidos no Brasil em 1887, observa, numa passagem contada por Gilberto Freyre (1986), o traje de homens e mulheres cariocas à época de sua estada no Brasil. O estrangeiro notou que em quase nada diferia do europeu: "Nem ao menos chapéus de palha eram usados pelos homens, e sim cartolas. Trajes solenes, a despeito do clima tropical" (p. 125). As mulheres de classe média eram instruídas em francês, e suas vestes nada deixavam a desejar àquelas da sociedade europeia mais digna.

Ao longo do Império e até a primeira metade do século XX, a moda brasileira sempre se baseou nas criações europeias, especialmente as parisienses, e o principal problema dessa submissão estava em seu aspecto desproporcional. Basta lembrar que no reinado de Pedro II as vestes escuras no verão carioca seguiam absurdamente os ditames do hemisfério Norte para aqueles meses. Era preciso conhecer e reconhecer, saber a origem de sua cultura. Os movimentos nacionalistas citados por Andrews desejam o reconhecimento daquilo que forma o Brasil em seus mais variados aspectos. Isso não implica deixarmos de conhecer outros lugares, outras culturas, outros costumes; apenas significa nos conscientizarmos de nossas riquezas e origens.

O movimento regionalista surgido no Recife (Freyre, 1986, p. 82) no início da década de 1920 cristalizou-se no Pronunciamento Regionalista de 1926, no qual se registraram os valores locais que deveriam ser considerados de forma mais legitimada. Esse manifesto começava pela culinária e progredia pela música e medicina, chegando à moda, ao focalizar os trajes. É interessante notar os comentários de Freyre (1986, p. 124) sobre alguns tecidos comercializados no período de Pedro II, que remetiam tanto às características europeias – fazendas com nomes como "Irlanda" ou caracterizadas como "fazenda mais em moda na Europa" – quanto às brasileiras – trazendo nomes como "Moreninha", com cor "de café" ou "cor de garrafa".

A partir da década de 1930, o Brasil passa a sofrer uma grande influência norte-americana, com o cinema de Hollywood. Maria Cristina V. Nacif (2002) nos mostra como essa referência estrangeira é trabalhada no país através de revistas femininas e lojas renomadas do Rio de Janeiro. Figurinos, moldes e cosméticos eram divulgados associados aos filmes e às suas divas.

É só na década de 1960 que alguns estilistas, como Zuzu Angel (no Rio de Janeiro) e Dener (em São Paulo), passam a atrair as atenções das elites e da imprensa com criações que ousam apresentar personalidade própria.

Já em 1990, quando o presidente Fernando Collor de Mello praticamente extinguiu as taxas de importação, de maneira descuidada e sem uma política interna que preparasse nossos empresários, o país se viu num mercado mundial dinâmico e renovado, em que vários países já exerciam práticas intensas de apoio à exportação. Seguiu-se rapidamente a falência de grandes empresas, contando-se nos dedos as que se mantiveram no mercado, como a Vicunha e a Alpargatas.

Só depois dessa tempestade é que o país se conscientizou da nova situação mundial. Nossos empresários perceberam que não poderiam concorrer no mercado global copiando produtos sem a adoção de recursos tecnológicos na produção, uma prática até então comum. Justificava-se, mais uma vez, nossa questão inicial: "o que é a moda brasileira?".

Alguns estilistas já buscavam o caminho da originalidade, como se viu na *Cooperativa de Moda*,[52] um grupo formado por jovens criadores paulistas e cariocas na década de 1980 – Walter Rodrigues, Marjorie Gueller, Jum Nakao, Maira Himmelstein, Sylvie Leblanc, Taísa Borges, Flavia Fiorillo e Conrado Segreto. A partir daí, a moda produzida no Brasil só se aventurou na concorrência internacional enfatizando a originalidade. Giovanna Kupfer, a principal precursora da moda infantil brasileira, com a sua marca Giovanna Baby, exportava já na década de 1980 para Estados Unidos, França, Inglaterra, Itália e Espanha.[53] E, graças ao aumento progressivo de recursos materiais e à tecnologia atualizada, a moda brasileira pôde lançar-se à evolução nos processos produtivos e na própria criação.

É nesse contexto que, durante a década de 1990, o artesanato brasileiro passou a ser visto com outros olhos. Afinal, a situação econômica pedia urgência na apresentação de soluções, e o artesanato era o aspecto visível que mais representava o país. Sem uma cultura prolongada de criação, é preciso começar de algum lugar, e a produção popular, geralmente anônima, estava aí "desde sempre".

Mas é bom lembrar que a moda brasileira não implica necessariamente a utilização do artesanato. Este constitui apenas uma maneira, entre tantas outras, de buscar particularidades que tornem uma criação original. O artesanato brasileiro merece cuidado, preservação, atenção e valorização. Suas questões vão além da moda e dizem respeito à sobrevivência e à sustentabilidade de comunidades que podem – ou poderiam – obter dele a renda e a cidadania plena – em outras palavras, a dignidade.

A utilização do artesanato na moda brasileira pode contribuir fundamentalmente para uma coleção, enriquecendo-a ao mesmo tempo em que imprime às criações do estilista um pouco da complexidade de nossa cultura. Ainda há muito trabalho a fazer, envolvendo o artesanato brasileiro, não só no país, mas também fora dele, como já vem acontecendo há algum tempo – basta observar as coleções estrangeiras para notar a utilização de nosso artesanato.

---

52 Ruth Costa, em *Claudia Moda*. São Paulo: Ed. Abril, 1989, n. 2, p. 14.
53 Wilson Weigl, em *Claudia Moda*. São Paulo: Ed. Abril, 1989, n. 3, p. 164.

Lino Villaventura (paraense radicado no Ceará), por exemplo, é um estilista admirável, pois utiliza o artesanato brasileiro de maneira inovadora, sem abrir mão de uma linguagem particular. Mas Villaventura recorre ao artesanato porque faz parte de seu entorno e mesmo de sua história de vida, e não por considerá-lo a única saída para uma criação genuinamente brasileira. Obviamente, esse estilista integra várias referências em suas criações, mas seu exemplo é marcante em razão do destaque conferido ao artesanato em grande parte de suas coleções. Num outro extremo encontra-se Alexandre Herchcovitch (de São Paulo), estilista brasileiro considerado notável criador de moda sem, no entanto, voltar-se incisivamente para o artesanato. Suas referências de vida são outras, envolvem um entorno paulistano e internacional, mas Herchcovitch desfruta de reconhecimento em diversos países, assim como Villaventura.

O que pretendemos destacar é que o artesanato brasileiro constitui uma grande riqueza, que deve ser preservada e valorizada, mas não lhe cabe a aura de único fator responsável pela produção de uma moda brasileira. As discussões em torno da "moda brasileira" geralmente envolvem certa confusão, por conta da atual mudança de paradigmas nas fronteiras, relacionada ao processo de globalização. Como vimos inicialmente, ainda existem as fronteiras geográficas e nacionais, mas presenciamos hoje o surgimento de um tipo diferente de sociedade, relacionado à economia global e às comunidades virtuais.

A preservação e a valorização do artesanato local brasileiro constituem maneiras de garantir que esse tipo de criação não se perca com o passar do tempo. Mas essa atitude positiva reflete, também, uma preocupação com as graves questões sociais que já não podemos ignorar. A opção que nos parece a mais adequada consiste em reinserir a produção artesanal no mercado, para garantir a sobrevivência das pessoas e comunidades que a ela se dedicam. A recuperação econômica mais óbvia se dá, afinal, pela valorização, quando possível, de conhecimentos já consolidados. E é aí que se destaca a cultura tradicional.

É certo que a moda realizada no Brasil tem se profissionalizado cada vez mais, especialmente a partir da década de 1990, quando o presidente Fernando Collor de Mello abriu as fronteiras do país para a entrada de produtos têxteis estrangeiros e dessa forma colocou em xeque tudo aquilo que era produzido aqui. É nesse período que começou a surgir uma preocupação consistente com a nossa indústria têxtil e com o setor de confecção, pois já não era possível concorrer com os tecidos de preços mais acessíveis, como os da China, nem era viável permanecer na cultura da cópia sem qualidade.

A experimentação, tanto na criação livre como nas áreas de desenvolvimento industrial e comercial, passa a ser posta em prática pela moda feita no Brasil, no intuito de facilitar a concorrência no mercado internacional. É preciso agregar aspectos de originalidade em relação às criações de outros países. Aliás, é a experimentação que abrirá caminho para elementos diferenciados, no que se refere tanto ao tecido quanto aos aspectos relacionados às formas, às cores, aos volumes e à justaposição de todas essas características. Ninguém chega a uma plena realização da "criação" sem o recurso da experimentação, pois esta é como um exercício de percepção e de conhecimento sobre aquilo que será realizado, seja de forma comercial, seja de forma estritamente conceitual. Chamo atenção aqui para esses dois termos por serem muito utilizados no meio da moda. Dizer "conceitual" não significa que a coleção está mais "pronta para o consumo", e também que a "comercial" não apresente conceito. Sim, obviamente ela tem conceito, mas não tão exacerbado como na mais performática, no qual o conceito é mais manifesto, mais notável, sobrepondo-se à roupa em si.

É por isso que agora propomos a questão fundamental da segunda parte deste trabalho: em que medida a experimentação – o caráter artístico – participa na moda, e o que ela pode trazer de "novo" para a moda atual.

4. Experimentação, arte e moda

4.1 Introdução

A moda na atualidade se caracteriza tanto pelo seu modo de produção como também pelos seus modos de criação.

A experimentação é um dado fundamental para a criação da moda inovadora. Esse tipo de criação muito se aproxima da produção artística e científica, justamente por conter elementos de experimentação e percepção de dados da sociedade ainda não codificados por uma grande maioria.

A moda apresenta algumas vezes um viés mais comercial, isto é, seu enfoque volta-se mais para a produção e o consumo em grande escala. Embora mantenha elementos até certo ponto inovadores, nessas fases, adota uma linguagem mais conhecida e de fácil compreensão e assimilação. Como vimos na análise da globalização, temos aí a inserção de elementos novos no mercado, representados na busca pelo diferente, ainda que o sistema capitalista prefira encontrar elementos equivalentes ao conhecimento de muitos para penetrar as diversas culturas. De acordo com Friedman (1999, p. 329), a hegemonia capitalista "permanece tão intacta e tão sistematicamente coesa como nunca", pois, com o auxílio da propaganda e das estratégias de marketing, o reconhecimento de ícones num plano internacional deve ocorrer no encontro de sistemas simbólicos equivalentes das diversas culturas. A propaganda é um exercício de exposição da imagem e de seu significado, objetivando tornar o produto reconhecível.

Outras vezes a moda mostra um caráter ao qual muitos têm chamado de conceitual, que, na verdade, se volta para a experimentação de materiais e de sensações, no intuito de causar algum impacto, desconforto, emoção. Busca, assim, lidar com algo extremamente novo e menos "digerível".

Esse "novo" se dá pela intuição, pela sensação primeira da emoção, da sensibilidade que capta algo. É nesse caráter da expressão que vemos a preponderância dos sentimentos e das emoções; é ela que dá forma teórica ao sentimento e o transforma em "palavra, canto e figura" (Nunes, 2003, p. 75). Na medida em que exercitamos essas imagens transformadas, o signo passa a representar o objeto por condicionamento. Essa pode ser a principal forma pela qual se difunde não só a moda, mas também todas as outras atividades que contenham o impulso criativo. A experimentação na moda pode advir do material, das formas e das cores, através da exacerbação do conceito que provoca e aguça a percepção. A passarela pode, assim, recuperar a ideia de palco artístico, associando-se ao teatro como forma artística de expressão. E a mesma associação pode ocorrer em relação às galerias de arte e aos museus – notem-se os exemplos de Issey Miyake em exposição no Museu de Arte Moderna de San Francisco (1983), Yohji Yamamoto com "Juste des vêtements" no Musée de la Mode et du Textile (13.4 a 28.8.2005), Vivienne Westwood no Victoria and Albert Museum, de Londres (abril a julho de 2004), e as exposições "Extreme beauty: the body transformed", no Metropolitan Museum of Art de Nova York (2001) e "Radical Fashion", realizada pelo Victoria and Albert Museum (2001). É nesses tipos de criação que se destacam os sentimentos e as emoções, mais do que o raciocínio lógico.

A capacidade de analisar a emoção provocada está na origem da estrutura perceptiva "que nos permite captar (...) o valor e o sentido dos objetos" (Nunes, 2003, p. 72). A percepção é anterior ao raciocínio lógico e constitui uma atividade involuntária. Nesse sentido, os objetos representam intenções, qualidades, sentimentos.

A ideia das novas tecnologias será fundamental para falar da moda atual como o principal elemento do "novo". Isso se dá não apenas no que se refere ao maquinário e às novas criações têxteis, mas também no enfoque do corpo como integrador dessas tecnologias, pois moda é criação no espaço do corpo. Esse "novo" atua, portanto, em muitas dimensões da cadeia produtiva, mas especialmente nas mudanças de paradigmas captados pela criação, como a sensação. Mais adiante, analisaremos os estilistas que se valem, em suas coleções, de elementos ainda não reconhecíveis por uma grande maioria.

Primordialmente, o que interessa aqui é o "novo", o que provoca emoção, desconcerto, inquietação, o experimental em seu estado mais inicial. É necessário repetir que a moda sempre contém o "novo" em sua criação, mas este pode se concretizar em um objeto que destaque elementos menos conhecidos, assim como pode, inversamente, investir em uma linguagem mais estabelecida. A criação sobre o corpo pode oscilar entre uma apresentação mais experimental e outra mais digerível – aquela apreensível de maneira quase imediata.

4.2 Espaços de coincidência entre arte e moda

A ligação entre arte e moda é assunto que já vem sendo abordado com certa frequência. No entanto, o tema exige cuidado, pois arte e moda são conceitos extremamente complexos. Florence Muller (2000), Gilda de Melo e Souza (1987), João Braga Neto (2002), Christian Brandstätter (2000), Nancy Troy (2003), Anne Holander (1996), Ginger Duggan (2002) e Caroline Evans (2002) são alguns dos autores que analisam momentos do século XX em que arte e moda se cruzaram. No entanto, em nenhum escrito vemos a pretensão de definir *arte* – por motivos óbvios.

Gilda de Melo e Souza (1987, p. 30), por exemplo, afirma que "a moda poderia ter sido arte, antes do advento da era industrial, que a transformou numa sólida organização econômica", mas que o criador desse gênero tem preocupações semelhantes às do pintor ou do escultor quando pensa na forma como medida do espaço – preocupa-se, por exemplo, com a composição das cores e texturas. O problema aparece quando a criação se volta para o comércio em uma sociedade capitalista. Aí, a função – a utilidade – do objeto submete a criação aos valores dos poderes econômicos.

A intenção desta segunda parte de nosso trabalho é mostrar que as novas tecnologias constituem um forte elemento inovador da moda na atualidade. Algumas das ideias principais foram sugeridas pelas vanguardas históricas e retomadas por artistas atuais, tais como Orlan e Stelarc. Analisemos primeiramente as vanguardas.

4.2.1 Arte e vida

Percebemos que durante todo o século XX a moda se apresentou como uma das maneiras de repensar o corpo – afinal, trata-se da *criação sobre o corpo*, que o individualiza e, ao mesmo tempo, coletiviza-o, numa dinâmica natural do indivíduo – este faz parte do meio social, mas diferencia-se dos demais. A moda serve como um meio de experimentação que alia a técnica produtiva aos elementos da vida cotidiana. Para as vanguardas históricas, "é experimentação técnica condicionada pelas novas possibilidades artísticas e expressivas percebidas no material coletado", fornecendo a nova maneira de compor os elementos e meios novos (Menezes, 2001, p. 135).

Assim, é na incorporação da técnica que os artistas das vanguardas históricas encontram uma forma de integrar a arte à vida, determinando a natureza utilitária e industrial da criação artística (p. 129). Para esses artistas, o desejo de "arte realizada na vida" fruiria da utilidade imediata das coisas através da interferência do produto estético na realidade. A moda constará nesse projeto vanguardista sob a proposta de "modificação estética dos padrões de gosto das grandes populações citadinas" (p. 115).

Isso se daria mediante o experimentalismo e o extraordinário, como uma antecipação daquilo que mais caracteriza a própria sociedade. Arantes (2003, p. 34) afirma que Marcel Duchamp inaugura a hibridação entre arte e realidade no momento em que coloca o urinol na galeria de arte, trazendo-o para o plano estético, de forma crítica e irônica.

Interessante notar: é assim que muitos estilistas realizam hoje as suas experimentações. Buscam apontar de forma questionadora as dinâmicas ainda não percebidas da sociedade não só por meio do choque e do desconforto, mas também, muitas vezes, pela transgressão à própria indústria da moda.

4.2.2 O corpo como suporte de intervenção da arte na vida cotidiana

Antes de abordar as criações de moda sugeridas pelas vanguardas históricas, vejamos como o corpo surgia em suas propostas.

As vanguardas buscavam facilitar a comunicação entre os cidadãos – especialmente na utilização de recursos tecnológicos, próprios da indústria da época. Trabalhar com a moda, com a criação sobre o corpo, era para a artista russa Nadezda Lamanova a maneira mais viável de fazer a arte permear a vida. O corpo era o elemento mais presente e apresentava o movimento necessário para a realização das obras.

A funcionalidade, juntamente com a intenção de despertar emoção, materializava o desejo dos futuristas em suas intervenções na moda – tinha por objetivo facilitar a comunicação entre os indivíduos e romper com os padrões de gosto e elegância da época:

> (...) nas vanguardas históricas, o único ponto de vista existente é aquele que vê na vestimenta potencialidade de causar a distinção do usuário pela diferenciação do seu modo de vestir e se apresentar socialmente. As intervenções das vanguardas na moda são sempre no sentido de produzir a

> diferenciação, até o estranhamento semelhante àquele que se buscava produzir dentro da obra artística com a finalidade de romper com a norma da apreciação e do gosto. (Menezes, 2001, p. 116)

No sentido da funcionalidade, as sugestões das vanguardas se revelaram na simplificação das formas. Chanel compartilhou dessa ideia, pois foi ela quem lançou o "miserabilismo do luxo" (Lipovetsky, 1989, p. 80), uma estética de formas simples e retas, sem a ostentação de babados e saias amplas. Além disso, disseminou o uso das joias falsas que criava. No sentido de romper com os padrões de gosto, as vanguardas sugeriam a ironia através da assimetria das peças e, também, do uso de vestimentas que provocavam o riso. Além de romper com padrões de gosto, esses criadores queriam que essas roupas provocassem todos aqueles que estivessem por perto, no intuito de investigar e facilitar a comunicação entre as pessoas.

De acordo com Philadelpho Menezes (2001), alguns projetos buscavam uma intervenção na vida pela arte – uma tradução da simultaneidade da vida citadina –, mas permaneceram restritos à produção artesanal por não encontrarem formas de viabilização na indústria de massa. Além disso, não caíram no gosto da população.

Alguns artistas buscaram concretizar sua intervenção mediante a produção industrializada da moda. Para eles, "o vestuário deve reposicionar o indivíduo no espaço urbano favorecendo a comunicação entre os cidadãos" (Muller, 2000, p. 6). Assim, na intenção de propor uma vestimenta de acordo com a nova vida das cidades, de forma funcional e prática, os artistas que se aventuraram na moda contribuíram para a libertação do vestuário feminino, anteriormente apresentado como prisão e limitação para a mulher (p. 12).

Malévitch é um artista que intervém na área da moda com sucesso, mediante a criação de figurinos para óperas. Dentre elas, *Vitória sobre o Sol* é uma ópera futurista cujo figurino é colocado de tal forma que o corpo quase desaparece por completo. O artista propõe, assim, a ideia de continuidade – ou melhor, de anulação das diferenças entre sujeito e objeto. Além disso, Malévitch cria motivos a serem reproduzidos em tecidos (Simmen & Kohlholff, 1999, p. 32, 64), que serão transformados em bolsas, peças de roupas e acessórios.

Outros exemplos provêm de Giacomo Balla e Rodtchenko (Muller, 2000, p. 6). Balla concebe uma roupa feita de celuloide, plástico, papelão e madeira, com lâmpadas por toda parte, estas acendendo de acordo com "os momentos mais eletrizantes da conversação". O "macacão produtivista" de Rodtchenko é uma espécie de roupa prática para a vida da cidade, relacionando-se com a vida operária. É extremamente funcional, e o trabalho da máquina de costura é mostrado nas linhas que permanecem aparentes, ressaltando, assim, a marca mecânica na confecção da peça. Além disso, utiliza um zíper vermelho para o fechamento da roupa. Stepanova compartilha dessa ideia e também deixa o método produtivo aparente (p. 14).

Reforça-se, portanto, a ideia do Construtivismo marcada pela estilista russa Nadezda Lamanova (citada em Menezes, 2001, p. 122) quando diz que "a arte deve estar presente em todos os âmbitos da vida cotidiana, deve desenvolver o gosto e o sentido artístico do povo. A vestimenta representa um dos meios mais idôneos para essa finalidade". O corpo é o meio mais eficaz de promover a arte.

Essas criações das vanguardas históricas, voltadas para as produções artísticas na moda, serão analisadas a seguir.

4.2.3 A obra de arte como citação na moda

A arte pode ser utilizada, também, como uma referência imagética para a moda, como uma citação ou, ainda, como um fator buscado pelo marketing no intuito de dignificar o produto, de conceder um caráter mais ilustre ao objeto de moda, mesmo que não implique reflexões.

No âmbito da citação, a moda pode contribuir para a disseminação da arte ,utilizando suas referências e popularizando algumas imagens produzidas para museu – ao subverter suas fronteiras. A referência imediata da arte na moda, de caráter iconográfico, pôde ser vista em criações de Yves Saint-Laurent na década de 1960, com o vestido Mondrian e a coleção "Pop art".[54]

4.2.4 Fotografia e revistas de moda

No início do século XX, Gustav Klimt chegou a retratar mulheres através da fotografia para catálogos e publicações especializadas, assim como fazia em seus quadros (Brandstätter, 2000, p. 12), mas um dos principais precursores da

54 Esse tipo de referência, "imediata", não será discutido neste trabalho.

fotografia no âmbito da moda foi Man Ray. O fotógrafo tornou-se conhecido seis meses depois de chegar à capital francesa, graças à exposição de suas fotografias de celebridades como Henri Matisse, Pablo Picasso e James Joyce. A esposa de Francis Picabia, Gabrielle, apresentou Ray ao criador de moda Paul Poiret em 1922, e este logo o convidou a realizar fotografias comerciais para seu ateliê.

Muitas revistas de moda publicaram trabalhos de artistas nessa época, mas eram as fotografias de Man Ray que faziam maior alarde. Ele fotografou para as revistas femininas *Vue*, *Vogue* e *Harper's Bazaar*.

Para a editora da revista *Bazaar*, na época, Carmel Snow, as fotos feitas por Man Ray permitiam às leitoras "vestir bem suas mentes". De acordo com Foresta e Hartshorn,[55] nesse período, as revistas estabeleciam o que era "chique", definindo "estilo" para suas leitoras. Assim, quem aparecia em suas páginas tornava-se imediatamente uma celebridade, tal como aconteceu com Man Ray, mesmo que por trás das lentes. Esse fotógrafo passou a ser cada vez mais requisitado para retratar pessoas ricas e famosas – personalidades que gostavam de ter suas imagens feitas pelos renomados artistas que colaboravam nas revistas femininas, tais como a *Bazaar* e a *Vogue*. Como Ray trabalhava para as duas publicações, rapidamente alcançou a fama. Mas aproveitou para introduzir elementos da arte dadá e surrealista nesse meio de comunicação de massa.

Durante a Exposição Universal de Artes Decorativas e Industriais Modernas, a revista *Vogue* francesa encomendou a Ray uma série de fotografias a serem feitas no pavilhão da exposição, mostrando criações de Poiret, Lelong e outros. As fotos foram veiculadas em suas páginas em julho e agosto de 1925, e uma delas foi utilizada como capa da edição seguinte da *Vogue*. Essa capa trazia, ainda, a legenda "La révolution surréaliste".

Suas ambientações eram geralmente vazias, sem muito cenário, pois Man Ray gostava de manipular luz e sombra, além das cores. Quando o cliente solicitava um cenário, ele preferia trabalhar em seu estúdio e utilizar obras de amigos, como Alberto Giacometti. É o que fez com a obra do artista Brancusi, *A musa adormecida* (de 1910), numa foto para a *Vogue*, em julho de 1926. Ray contribuiu para a profissionalização da fotografia de moda, produzindo fotos para Elsa Schiaparelli em caráter surrealista.

---

55 Curadores da exposição "Man Ray/Bazaar Years: a fashion retrospective". Nova York: International Center of Photography, 1990.

Antes dele, ganharam notoriedade como fotógrafos apenas o barão Adolphe de Meyer – que trabalhou para a *Vogue* e para a *Vanity Fair* em 1914 – e Edward Steichen.

Steichen também é considerado um precursor das fotografias de moda, por suas imagens confundirem arte e comércio (Troy, 2003, p. 71), propondo assim a questão da ligação arte-moda. Surge, com ele, a publicidade de moda ligada à fotografia e a tentativa de fazer dela um registro de proteção contra possíveis cópias.

Muitos dadaístas foram convidados para ilustrar revistas de moda durante o entreguerras (1918-1939), por captarem elementos da cultura de massa e darem um caráter mais peculiar a ela. Assim, artistas como Jean Cocteau, Salvador Dalí e Maurice Tabard também participaram de inúmeras edições de revistas como *Vu*, *Paris Magazine*, *Variété*, *Jazz* e *L'Art Vivant*. Os editores das revistas já começavam a incluir outros assuntos, tais como política e arte, e para mostrar as últimas tendências recorriam à sensibilidade desses artistas, que trazia vivacidade para suas páginas.[56]

4.2.5 Cinema

Uma lista extremamente longa pode ser escrita sobre a participação de estilistas na criação de figurinos para filmes, começando por Adrian e Edith Head[57]. O primeiro desenhou para a Broadway até 1925, quando foi para Hollywood criar os figurinos de Rodolfo Valentino. Logo passou a trabalhar para a Metro-Goldwyn-Mayer (MGM), e seus modelos vestiam atrizes como Greta Garbo, Hedy Lamarr e Joan Crawford. Seus filmes mais conhecidos são *Woman of affairs*, de 1928, e *Letty Lynton*, de 1932. O chapéu *pillbox*, os ombros largos e estruturados e as mangas de quimono foram alguns detalhes de suas criações que se difundiram durante a década de 1930. Head, por sua vez, começou a trabalhar na área nos anos 20, mas foi a partir da década de 1930 que passou a criar figurinos de forma autônoma, deixando de ser assistente. Com créditos em mais de mil filmes, trabalhou incessantemente entre 1938 e 1967,[58] para a Metro-Goldwyn-Mayer, Columbia, 20th Century Fox e Warner Bros. Contribuiu para a popularização de camisas, lenços e ponchos entre as

---

56 *Catálogo Man Ray in Fashion*. Exposição "Man Ray/Bazaar Years: a fashion retrospective", cit.

57 Um ciclo sobre filmes com figurinos importantes aconteceu no Centro Cultural Banco do Brasil, São Paulo, em 2004, organizado por Alexandra Farah.

58 *The Thames & Hudson Dictionary of Fashion and Fashion Designers*. London, 1998.

mulheres. Um filme notável em que atuou como figurinista é *Um lugar ao sol*, com Elizabeth Taylor, de 1951.

Gabrielle (Coco) Chanel também cria figurinos para alguns filmes, tais como *Bocaccio*, de Luchino Visconti, no qual veste Romy Schneider, em 1962. Em 1961, vestiu Delphine Seyrig em *O ano passado em Marienbad*, de Alain Resnais. Mas já havia sido a figurinista de *A regra do jogo*, de Jean Renoir, em 1939.[59]

Barbarella, de 1968, teve todo o seu figurino criado por Paco Rabanne. As construções metálicas e plásticas condiziam com sua estética e com a do próprio filme – a protagonista era uma mulher de um planeta com tecnologia extremamente desenvolvida. Hoje, o cinema traz notáveis figurinos de estilistas – por exemplo, no filme *Dolls*, de Takeshi Kitano, em 2001, com criações de Yohji Yamamoto, ou em *O quinto elemento*, de Luc Besson, em 1997, com trabalhos de Jean-Paul Gaultier.

4.2.6 Teatro e dança

Paul Poiret e Gabrielle Chanel são dois dos criadores de moda que se inspiraram em peças de teatro e em figurinos de dança para muitas de suas criações. Chanel trabalhou na montagem de *Le train bleu*, de 1924 (Kahane & Barral, 1992, p. 60), para os balés russos de Diaghilev, levando para o palco sua ideia de roupas simples e confortáveis. Criou o figurino para *Antígona*, dirigida por Charles Dullin, em 1913 (Madsen, 1992, p. 113-4), mas só aceitou fazê-lo quando soube que seu amigo Picasso iria cuidar do cenário.

Poiret, inspirado pelos balés russos, criou coleções com turbantes e calças de estilo oriental – bufantes e presas na altura dos calcanhares, assim como aquela usada por Nijinsky em *Shéhérazade*, em 1910.

Ainda para os Balés Russos, Pablo Picasso realizou o figurino de *Parade*, em 1917. Esse espetáculo sinalizava o fim da Belle Époque e assumia a existência da guerra, com roupas mais simples, colantes, e com elementos cubistas nas imagens multifacetadas presentes nas roupas das personagens (Kahane & Barral, 1992, p. 46). Em 1920, Picasso e Henri Matisse concebem os figurinos para *Le Tricorne* e *Le chant du rossignol*, respectivamente. Outros artistas também contribuíram para os espetáculos de Diaghilev – Juan Gris, Max Ernst, Joan Miró, Georges Braque e Natalia Gontcharova.

---

59 Informações disponíveis no programa da peça teatral Chanel, de Maria Adelaide Amaral (exibida no Teatro FAAP, São Paulo, 2004).

4.2.7 Desfiles como arte performática

Os desfiles de moda geralmente podem ser vistos como arte performática. O desfile na passarela é um evento que espetaculariza o ir e vir cotidiano nas ruas da cidade, mediante recursos teatrais como o palco e a fantasia. Como lembra Troy (2003), os criadores de moda Poiret e Lucile organizavam um verdadeiro cenário valendo-se de referências do teatro, para que a clientela se impregnasse da fantasia ali proposta.

O que acontece durante o desfile é algo que fundamentalmente apela para os sentidos, num jogo de realidade e fantasia que dilui os limites entre uma e outra – e essa é a intenção. É por isso que a passarela deve conter, sempre, o fator "sensacional",[60] não se restringindo à apresentação objetiva, voltada para os espectadores com o intuito único de vender as peças da coleção ali apresentada, ainda que isso seja de suma importância.

Para Duggan (2002), alguns estilistas contemporâneos promovem "eventos primorosamente orquestrados que emulam peças teatrais", mais conhecidos como "teatro sem trama". Esse autor associa certos desfiles à arte performática.[61] Estilistas como Thierry Mugler e Moschino, na década de 1980, e John Galliano, Alexander McQueen, Martin Margiela, Hussein Chalayan, Rei Kawakubo, Jum Nakao, Karlla Girotto e Ronaldo Fraga, em nossos dias, são responsáveis pelos mais importantes desfiles desse tipo.

Por mais que o "conceito" esteja presente na concepção de inúmeras coleções, sua exacerbação, quando bem pensada, arrebata-nos completamente, transformando aquelas formas e volumes inesperados em pura sensação – seja de deleite, seja de estranhamento. Não seria essa uma das principais funções da criação de moda? Romper com padrões estéticos: aí reside o fundamento do impulso criativo. Não se sabe quando nem como o novo valor irá vincular-se ao cotidiano – se é que chegará a vincular-se –, e isso constitui o maior problema prático para os financiadores e patrocinadores de estilistas e marcas de moda. O impacto desses desfiles, no entanto, é visceral, em nada se assemelha ao que sentimos diante dos desfiles "inovadores, mas comerciais". Nestes últimos, o grau de complexidade e "perturbação" é infinitamente menor.

60 Utilizo aqui a expressão de Ana Méry de Carli, em seu livro *O sensacional da moda*, 2002.
61 Esses desfiles serão comentados mais adiante.

O desfile de lançamento de Hussein Chalayan, em 1994 (Duggan, 2002, p. 12), apresentou uma performance ironizando a tentativa de recuperar o significado ritualístico das peças, algo que era muito mais presente nas civilizações antigas e até o Renascimento. Isso se fazia enterrando e desenterrando a roupa. O objetivo consistia em utilizar a performance para dotar a roupa de vida, com o ato encenado da morte (enterro) e da ressurreição (desenterro). Chalayan tem sido um estilista notável em seus conceitos e também na utilização de discursos tecnológicos, como veremos no último capítulo.

4.2.8 As vanguardas na moda

Muitos artistas das vanguardas estéticas trabalharam na área da moda, tanto na criação de estampas como no próprio desenho da roupa. Isso ocorreu por vários motivos, entre os quais, por ser uma forma de ganhar a vida numa cidade como Paris – então o grande centro mundial da criação e da difusão de moda. Esses artistas tornaram-se amigos de costureiros renomados, formando duplas notáveis: Raoul Dufy e Paul Poiret; Jeanne Lanvin e Rateau; Madeleine Vionnet e Thayaht; Coco Chanel e Pablo Picasso;[62] Sergei Diaghilev e, novamente, Coco Chanel; e Elsa Schiaparelli e Salvador Dalí. Outros artistas tencionavam libertar a moda da alta-costura parisiense, mas, na nova sociedade urbano-industrial, a moda se firmava por servir como importante critério de julgamento social na nova realidade.[63] A princípio, grande parte desses artistas não teve êxito (Menezes, 2001, p. 116) e ficou à margem – suas criações não permearam a vida cotidiana.

O ateliê Wiener Werkstäte pode ser considerado o precursor dessa estreita ligação da sociedade da moda moderna com produções significativas. Esse ateliê foi criado em 1911 (Brandstätter, 2000, p. 8), e seus integrantes Gustav Klimt, Koloman Moser e Josef Hoffmann (Völker, 2004, p. 216), entre vários artistas interessados na reforma do vestuário feminino, defendiam também a ideia de que a moda deveria

---

62 Participação conjunta em projetos como *Le Train Bleu* (1924) e *Antigone* (1922), ambos para balé. Informação extraída do programa da peça teatral *Chanel*, de Maria Adelaide Amaral, encenada em São Paulo, em 2004.

63 No filme *A época da inocência* (1993), de Martin Scorsese, há uma passagem que exemplifica isso: numa conversa, as pessoas discutem a ida de Mme. Olenska (Michelle Pfeiffer) a um baile, por ela ter ido vestida de preto (símbolo de luto). Esse "erro" é notavelmente mais importante que seu título de duquesa.

ser pensada através da arte. Por volta de 1908, já promoviam desfiles, tornando-se aos poucos, bastante conhecidos na região de Berlim. Guiavam-se pela ideia de criar uma moda independente da alta-costura parisiense, e buscavam conformar o corpo feminino de acordo com "princípios da praticidade e da higiene" (Brandstätter, 2000, p. 6). Além disso, os artistas do Wiener Werkstäte defendiam a ideia de produzir objetos que tivessem mais originalidade e qualidade, em comparação com aqueles produzidos pela indústria de massa (Völker, 2004, p. 7). Josef Hoffman, o diretor do ateliê (Muller, 2000, p. 5), transfere sua arquitetura para bijuterias e roupas, assim como Klimt cria padrões para tecidos em suas pinturas.

Além de referências japonesas, adotavam-se aquelas da própria cultura popular européia, as quais, de acordo com Völker (2004, p. 203), inspiraram Raoul Dufy e o Studio Martine, fundado por Poiret também em 1911. A criação deste último envolvia tecidos que serviam tanto para decoração de interiores como para peças de roupa, tais como camisas e vestidos. Enquanto os futuristas e, mais tarde, os construtivistas russos trabalhavam com formas geométricas e ideias abstratas, Dufy e o Studio Martine seguiam com referências florais e animais. O Wiener Werkstäte posicionava-se entre as duas referências, gerando uma produção extremamente variada (Völker, 2004, p. 204). Um catálogo de criações de moda feitas pelos artistas do ateliê mostra a utilização de tecidos nobres, mesmo que as formas não se diferenciem da silhueta da época – início do século XX. O ateliê também possuía aquilo que conhecemos hoje como "facção" (a terceirização), para a produção de seus tecidos.

Na mesma época, a Bauhaus, fundada em Berlim no ano de 1919, treinava aprendizes para a produção de peças similares às do Wiener Werkstäte. No entanto, suas produções artesanais tinham a intenção de se difundir na indústria de massa, e todas as peças eram produzidas no próprio ateliê (Völker, 2004, p. 205).

O pintor austríaco Gustav Klimt, ligado ao Wiener Werkstäte, desejava vestir-se de maneira simples e natural sob influência da prática de esporte – ele mesmo praticava esgrima e luta greco-romana, além de caminhar e nadar durante os verões que passava em Atterse (Brandstätter, 2000, p. 9-10). Para tanto, lançou uma moda que aos poucos foi se difundindo. Delineada por corte solto, em linho, chegando até o tornozelo, tornou-se conhecida como "túnica Klimt" (Brandstätter, 2000, p. 9). Sua companheira, Emile Flöge, era dona de um ateliê de moda de luxo e confiou sua decoração ao Wierner Werkstäte. A partir de 1906, ela passa a ser a modelo oficial de seu próprio negócio, que unia inspirações das últimas tendências da alta-costura parisiense e linhas simples propostas pelos reformistas. Já o artista, em suas fotos, deixava a função de vestir a modelo nas mãos de Emile, embora se responsabilizasse pela fotografia que faria parte de um catálogo destinado às clientes do ateliê. Muitas das roupas usadas em suas pinturas foram criadas por Klimt, mas poucas saíram das telas (Brandstätter, 2000, p. 13).

Os artistas russos Rodtchenko, Stepanova e Lamanova também propunham intervenções na moda através de suas criações, como arte aplicada. Rodtchenko confeccionou o que chamou de "macacão produtivista", e Thayaht (Muller, 2000, p. 6) propôs um macacão que poderia ser usado a qualquer hora e em qualquer lugar, primando pela praticidade e elegância.

Thayaht,[64] um italiano filho de americanos, sugeriu em 1919 uma roupa que estivesse de acordo com o clima e a dinâmica da vida urbana, inspirada em Florença. Lançou a "Tuta", uma combinação prática e funcional que, para os homens, era composta de camisa sem golas, abotoada na frente ou nas costas, com cinco bolsos aplicados, sem nenhum acessório. Para as mulheres, era formada por uma veste similar à dos homens, em que a saia substituía a calça. Deveria ser confeccionada com tecidos baratos e usada com sapatos sem saltos. É interessante notar que Thayaht obteve êxito em sua proposta, pois chegou a publicar o desenho da "Tuta" no jornal *La Nazione*, com todas as diretrizes – algo como a ficha técnica – para ser confeccionada em casa por qualquer um. Sua proposta constituía uma condenação aos hábitos burgueses sóbrios e de cores pesadas. O "T" evocava a forma da vestimenta, que era destinada a *tuta la persona*.[65] O neologismo na época referia-se tanto ao significado de *tuta*, "macacão", como à palavra *tutto*, que significa "inteiro", "todo", "de uma só peça". A Tuta constituía, ainda, uma referência aos macacões dos operários americanos, assim como ao macacão produtivista de Rodtchenko. Thayaht era

64 Informação disponível no catálogo da exposição "Europe 1910-1939: quand l'art habillait le vêtement". Paris: Paris Musées, 1997. p. 16, 44.

65 Informações disponíveis no catálogo da exposição "Europe 1910-1939: quand l'art habillait le vêtement", cit., 1997, p. 44-5.

amigo de Schiaparelli, tendo chegado a criar seu logo e a sugerir desenhos de roupas para suas coleções.

Nadejda Lamanova dirigia o Ateliê de Vestuário Moderno na Rússia em 1919, defendendo a criação de roupas condizentes com o modo de vida da época. Conceitos como simplicidade, elegância, higiene e praticidade para a vida urbana eram constantes em sua produção.

Varva Stepanova passa a dirigir em 1921 uma antiga tecelagem de algodão, cuidando de todo o processo industrial, desde a criação até a comercialização (Muller, 2000, p. 7). Além de criar roupas e estampas, ela propõe que se conceba a ideia da roupa juntamente com o tecido e recomenda programar a estamparia ou o bordado já pensando na peça a ser produzida. Dessa forma, uma de suas propostas era construir a estampa ou o bordado dentro do corte do molde. Fazia isso de acordo com o catálogo da exposição "*Europe 1910-1939: quand l'art habillait le vêtement*" (1997, p. 13-4), isso permitiria que a indústria têxtil programasse sua produção, melhorando a produção padronizada, já antevendo aquilo que seria plenamente realizado com o prêt-à-porter.[66]

Troy (2003, p. 81) afirma que teatro, cinema e dança podem ser vistos como notáveis intervenções artísticas utilizando o corpo como arte performática, em que a moda (como criação sobre o corpo) pode atuar perfeitamente. Essa autora aponta o trabalho de pintores em figurinos dos balés russos, em filmes modernistas e em performances teatrais dadaístas. Tanto as peças teatrais como os desfiles nos ateliês de alta-costura utilizavam o sistema de "estrelas", ao contar com as figuras mais famosas do momento, nos palcos e nas telas, para lançar suas novas "peças", constituindo verdadeiras performances. Nesse sentido, o cinema de Hollywood é o precursor na promoção do consumo de produtos de moda, incluindo cosméticos, a partir da década de 1930. Juntando-se às revistas femininas, importantes desde a virada do século, o cinema tornou-se fundamental para a propaganda de moda.

Atualmente, o evento anual de premiação do Oscar, em Los Angeles, é a continuação daquilo que teve início oitenta anos atrás. Cada atriz e cada ator, ao serem entrevistados e fotografados, divulgam o criador que os veste naquele acontecimento.

Da mesma forma funcionou o teatro desde 1910, quando os nomes dos

66 Essa forma de organização já foi analisada no capítulo 2 deste trabalho, focalizando a programação têxtil em cada estação do ano.

costureiros começaram a aparecer nos programas das peças. Muitas vezes, os costureiros vestiam gratuitamente atrizes e mulheres da alta sociedade, com o intuito de terem suas criações levadas aos teatros e às óperas.

Troy (2003, p. 87) estabelece um paralelo entre teatro e desfiles de moda, apontando o lançamento de novidades a cada estação do ano. A roupa deve contribuir não só para compor o espetáculo, mas também para atrair a atenção do espectador no palco do teatro e dos desfiles.

O criador de moda francês Paul Poiret foi influenciado pelos figurinos dos balés russos, especialmente pelo que foi criado por Léon Bakst para a peça chamada *Shéhérazade*, de 1910. Sua coleção para a primavera de 1911 trazia linhas orientais, especialmente nas saias-calças e as "calças de harém", e o mesmo se viu em uma de suas famosas festas temáticas, chamadas "*The thousand and second night*" (Troy, 2003, p. 101-2). Bakst vestiu Nijinsky com uma saia-calça e um sutiã decorado de pérolas na altura da barriga, confundindo-o com uma odalisca. O figurino para *Shéhérazade* trazia silhuetas andróginas, disseminando a ideia de roupas femininas para homens e masculinizadas para mulheres. Poiret, por sua vez, criou figurinos para a peça *Nabucodonosor*,[67] de janeiro de 1911, em que o protagonista de mesmo nome vestia roupas descritas como femininas – vestidos longos e bordados de pedrarias, tingidos de púrpura pelo costureiro.

Essa dinâmica coincidia com uma tendência que começava a atrair a atenção geral: as mulheres agora ocupavam vagas antes reservadas apenas aos homens. A calça feminina seria disseminada nas décadas de 1910 e 1920, mas a sua total popularização só aconteceria depois de 1960. Amélia Bloomer[68] (1818-1894), Poiret, Bakst e o movimento feminista incentivaram o uso de calças pelas mulheres, bem como a prática dos esportes, principalmente do ciclismo.

---

67 Peça de um só ato, escrita por Maurice de Faramond, com o figurino de Paul Poiret e cenário de André Dunoyer de Segonzac. Jacques Rouché, diretor do Théâtre des Arts, na época, contratou pintores e costureiros da época para garantir o sucesso da peça (Troy, 2003, p. 110-1).

68 De acordo com François Boucher (1996, p. 374), por volta de 1851, Amélia Bloomer causou grande furor na Inglaterra usando calças que eram longas, largas e apertadas, com um cinto. Pessoas diziam que esse ato de uma mulher usar calças era uma afronta à moral e aos bons costumes, e que, na medida em que servia à emancipação da mulher, também funcionava a favor da degradação do homem. Com o apoio de médicos, Bloomer respondia, questionando essa agitação, uma vez que todos aceitavam o uso de saias (kilt) para homens na Escócia, algumas delas "ridiculamente curtas". De qualquer forma, sua criação caiu no ridículo, pois as pessoas não estavam preparadas para essa grande mudança.

Vários artistas criam figurinos para espetáculos de balé: Natalia Gontcharova, Pablo Picasso, Georges Braque, Henri Matisse, Max Ernest, Joan Miró, Anton Pevsner, Giorgio de Chirico e Juan Gris, entre outros. Uma intersecção fundamental entre moda e arte, pois a vestimenta aí deve valorizar os movimentos no palco – ou onde quer que a peça seja apresentada –, para comunicar a intenção do ator ou do bailarino, auxiliando na construção do personagem e na *performance*. Além disso, a vestimenta deve colaborar na marcação do contexto – a época à qual a encenação remete. O figurino pode também lançar novas modas, por atuar de forma intensa no evento artístico.

Já o Manifesto Futurista, de 1914, propunha uma criação dinâmica mediante cores fortes, assimetria e "objetos que modificam a aparência segundo o estado de espírito da pessoa" (Muller, 2000, p. 6). Marinetti defende a estética do efêmero, enquanto Giacomo Balla "traduz em tecido os elementos de síntese estudados em pintura, como: linha-velocidade, as formas-barulhos e os ritmos cromáticos" (Muller, 2000, p. 5). Balla criou roupas que tinham a assimetria como elemento: casacos com uma manga mais longa que a outra, golas com um lado redondo e o outro quadrado, tecidos fluorescentes. Propunha, também, que as roupas fossem reativas: incluía pedaços de tecidos adesivos que se modificavam de acordo com o humor do indivíduo que a vestia (chamados *modificanti*), além de peças descartáveis, que assim garantiam sua renovação. Também sugeriu golas em ziguezague, sapatos com cores diferentes, bem como sapatos com saltos de alturas diferentes (Clark, 2003, p. 13). Balla coordena a Casa D'Arte – um ateliê produtor de roupas e decoração de interiores, em que todas as peças são feitas manualmente (Muller, 2000, p. 6). Por fim, Marinetti e Depero propõem desenhos de roupas quando concebem o "manifesto futurista da roupa masculina" (Braga Neto, 2002, p. 84-5).

> Por volta de 1920, Vincenzo Fani, mais conhecido como Volt, propôs uma roupa que continha um sistema antena-rádio-telégrafo para romper com a timidez de alguns amantes, assustando-os, pegando-os de surpresa, ou seja, de alguma forma, provocando o riso. Ele e Balla clamavam por materiais baratos, assim como papelão, alumínio e plantas, dizendo que toda mulher deveria tornar-se uma *walking synthesis of the universe*[69] (Clark, 2003, p. 13-4).

69 "A mulher como uma síntese ambulante e móvel do universo."

Já os surrealistas, especialmente Salvador Dalí, acentuam o caráter irreal das criações da alta-costura "por meio de encenações oníricas" (Muller, 2000, p. 10). Criações como o broche-olho lacrimejante, a televisão-bracelete, o chapéu-sapato, para Schiaparelli, e a linha de maiôs com seios nas costas, de 1965, são alguns exemplos de sua arte voltada para a moda.

Paul Poiret

De acordo com Troy (2003), Poiret e outros costureiros do início do século XX – como Worth e Doucet – foram verdadeiros patronos das artes. O acervo de Poiret, que foi vendido em 1925, integrava artistas da época, tais como Constantin Brancusi, Robert Delaunay, Henry Matisse, Amedeo Modigliani, Luc-Albert Moreau, Francis Picabia, Jean-Louis Boussingault, Pablo Picasso, Raoul Dufy, Paul Iribe e Georges Lepape, tendo estes três últimos produzido desenhos para estampas de suas coleções (p. 38).

Existem registros da relação de Poiret com a arte, por exemplo, nos comentários de Paul Cornu intitulados "L'Art de la robe", publicados no jornal *Art et Décoration* em abril de 1911. O jornalista traça um paralelo entre as criações de Poiret e obras de pintores da época, utilizando ilustrações de Lepape e fotografias de Steichen, e refere-se às duas produções com o mesmo vocabulário.

Paul Iribe, artista gráfico, designer de joias e de móveis, foi convidado por Poiret a produzir um de seus primeiros catálogos de luxo em 1908. E o artista criou também a etiqueta que ele usaria por vinte anos (Troy, 2003, p. 39). Muitas vezes, Iribe chegou a desenhar vestidos e penteados que seriam veiculados em catálogos do costureiro – um deles, de edição limitada, foi publicado com apenas 250 unidades (p. 52).

Um outro catálogo de luxo foi produzido em 1911, dessa vez por Georges Lepape, chamado *Les Choses de Paul Poiret vues par Georges Lepape*. Teve uma edição de mil exemplares, trezentos dos quais assinados e numerados (p. 54), e chegou a ser exposto na *Galerie Barbazanges* como verdadeira obra de arte. A produção de catálogos como arte, pretendendo integrar até mesmo a literatura, ganhou um ótimo exemplo durante a Primeira Guerra Mundial: trazia versos de Guillaume Apollinaire em várias de suas páginas, junto a propagandas do perfume Rosine e de tapetes, ao lado de vestidos de Poiret e de estampas de Dufy. Esse catálogo foi lançado em 1916, sob o título *Almanach des lettres et des arts*, e ainda apresentava desenhos de Naudin, Iribe e Boussingault (p. 57).

Raoul Dufy foi convidado por Poiret para criar também o logotipo de seus papéis de escritório e os convites de suas famosas festas temáticas. Posteriormente, o artista passaria a fazer xilogravuras para tecidos com estampas em preto e branco, utilizadas em muitas de suas coleções (Troy, 2003, p. 40). Poiret também pediu que outro artista, Boussingault, criasse uma coleção de quadros para serem colocados em seu ateliê, e atuou como seu patrono, muitas vezes buscando espaços e exposições para ele e Dufy exibirem suas obras.

Quando Poiret tomou conhecimento dos trabalhos do Wiener Werkstäte, imediatamente comprou muitos tecidos do ateliê vienense para utilizar em sua coleção e passou a seguir a proposta de estender a arte para objetos do dia a dia, levantada pelos seus integrantes. Mas essa influência não se restringiu às peças de roupa: sua *maison* foi toda decorada de acordo com o contexto das produções de arte do ateliê: "*the phisical expression of a personal business empire applied to the feminine spheres of haute couture, perfumes, and the decorative arts ranging from textiles to furniture*" (Troy, 2003, p. 46).[70]

Poiret buscava assegurar, de certa forma, a venda de suas peças para clientes "ricos e aristocratas", ao mesmo tempo em que promovia a venda de suas coleções em uma escala maior, mais popular – não significando, no entanto, uma popularização completa de sua casa. Isso acabava por parecer uma estratégia de comércio que se apropriava das *fine arts* para promover a originalidade, a *uniqueness* e a qualidade estética de suas criações. Poiret chegou a declarar: "Eu sou um artista, e não um *fazedor de vestidos*" (citado em Troy, 2003, p. 46-7). Seus modelos eram muito copiados, dando legitimidade a ele no ramo da moda, mas por isso mesmo dificultavam a manutenção de sua originalidade. Percebe-se, aí, a mesma tensão entre trabalho original e produto massificado, devido à reprodução industrial e ao consumo em massa, que permeia as artes em geral (Troy, 2003, p. 6).

Gabrielle (Coco) Chanel

Sua amizade com muitos artistas levou-a a influenciar-se pela produção da época. Conviveu com Picasso, Jean Cocteau, Igor Stravinsky, Serge Lifar, Christian Bérard e Salvador Dalí, entre outros. Além de realizar o figurino de *Le train bleu*, Chanel contrata Paul Iribe para desenhar estampas para tecidos de sua coleção em 1920[71].

70 Podiam-se encontrar produções do Wiener Werkstäte em todo o ateliê de Poiret: das peças de roupa e perfumes até os tecidos e mobílias que compunham esse espaço.
71 Catálogo da exposição "Europe 1910-1939: quand l'art habillait le vêtement," Palais Galiera, 1997.

Elsa Schiaparelli

Elsa Schiaparelli, criadora de moda italiana, contou com a ajuda de amigos como Man Ray e Salvador Dalí. Suas primeiras criações em tricô apresentavam *trompe-l'oeil*, e algumas peças eram desenhadas de acordo com formas e imagens surrealistas, tais como os quadros de Dalí – o famoso vestido lagosta, a bolsa-telefone e o chapéu-sapato estão entre as peças com intervenções desse artista. Joias como "comprimidos de aspirina", criadas por Louis Aragon e Elsa Triolet, e bordados concebidos por Jean Cocteau demonstravam o envolvimento de outros artistas com a criadora de moda (Muller, 2000, p. 9).

Sonia Delaunay

Sonia Delaunay, de origem russa, lança o vestido "simultâneo" em 1911, com motivos geométricos que causam efeitos ópticos. De acordo com João Braga Neto (2002), Sonia intensificou suas criações a partir do casamento com o artista plástico Robert Delaunay, pois "ambos baseavam-se no potencial construtivo da cor representando a própria luz através das cores" (p. 72). A partir da colcha que cria para seu filho, chamada "cubo-colcha", Sonia passa a trabalhar não apenas na tela, mas também com a arte aplicada, com bordados, tapeçarias, desenhos e objetos (p. 76), fundamentada na teoria de Chevreul "da lei do contraste simultâneo das cores".

Os "vestidos simultâneos" constituem suas maiores criações, representando um legado de suma importância para a moda. Braga Neto afirma que suas criações para tecidos tornaram-se famosas – ela chega a criar para atrizes de cinema, como Gloria Swanson – porque a artista aplicava "cores puras e brilhantes e formas geométricas capazes de provocar impressão geral vibrante ao quadro moderno da rua".[72] Sonia Delaunay propõe as roupas simultâneas como uma tentativa de estetizar a beleza das vestimentas com os novos padrões da arte de vanguarda. Nota-se, aí, uma vontade de traduzir a simultaneidade cromática, a geometricidade e a sobreposição de planos nas peças de roupa (Menezes, 2001, p. 116).

Inúmeras outras realizações reunindo arte e moda surgiram ao longo do século XX. Algumas delas serão apontadas a seguir, embora as já apresentadas sejam as mais importantes para este trabalho, por terem dado origem à ideia dos *wearable computers*.

72 C. Seeling, *Moda. O século dos estilistas.* 1900-1999, p. 302, citado em Braga Neto, 2002, p. 79.

Nas décadas de 1960 e 1970, a Optical Art e a Pop Art interferiram na moda. A primeira era aplicada nos tecidos para vestuário, levando o movimento do corpo a produzir uma experiência visual. A segunda se apropriava da moda e permitia também o movimento inverso. Yves Saint-Laurent cria, em 1966, uma coleção segundo a visualidade da Pop Art, e Andy Warhol utiliza peças de roupas para concretizar suas ideias como, por exemplo, em seu trabalho chamado "Vestidos compósitos" (Muller, 2000, p. 12).

Muller (2000, p. 13) afirma que Paco Rabanne, André Courrèges e Pierre Cardin buscam outros tipos de materiais, como um vinil chamado Skaï (Courrèges) e o Dynel, tecido que não amassa, é resistente ao fogo e muito leve (Cardin). A inovação da roupa sem costura surge graças a uma vaporização de cloreto de vinil, e é utilizada por Rabanne.

Merecem destaque, também, as criações e os concursos de *wearable art* – a *arte para vestir*.[73] Algumas peças chegam a ser verdadeiras obras de arte sobre o corpo. Esse tipo de arte se diferencia da alta-costura e dos trabalhos dos estilistas performáticos por não vislumbrar a tradução para uma coleção de moda. O primor da técnica e a qualidade da mão de obra utilizada na alta-costura, bem como os materiais, extremamente especializados, inserem esse tipo de produção nessa cultura artesanal de mais de um século.

Mas o que nos interessa aqui é a realização das propostas das vanguardas históricas na moda atual, integrando tecnologias digitais. A criação de vestimentas não apenas em função das estações do ano e do lazer, mas também em função das tarefas ligadas ao trabalho,[74] levando em conta a simultaneidade da vida urbana atual, fortalece essa integração e transforma esses artistas em precursores de uma vertente da moda contemporânea: a roupa utilitária e os *wearable computers*.

---

73 O site www.worldofwearableart.com/2004_winners.htm mostra a apresentação de concurso de *wearable art*, organizado pela galeria World of Wearable Art, na Nova Zelândia.

74 Informação presente no catálogo da exposição "Europe 1910-1939: quand l'art habillait le vêtement", cit., p. 15.

5. As tecnologias e a moda

5.1 Corpo, moda e novas tecnologias

Para que possamos abordar a questão das novas tecnologias sob a perspectiva da moda, é necessário, primeiramente, analisar o corpo como suporte para as criações e realizações nesse campo.

Duas questões vêm sendo amplamente abordadas nos últimos anos: o corpo na cultura de consumo e o corpo em relação às novas tecnologias. No que diz respeito à cultura atual, o corpo exerce um papel importante na formação do ser social (Turner, 1999, p. 6). Ele se torna objeto frequente da indústria do consumo, podendo ser manipulado e, consequentemente, produzido. O corpo torna-se um produto veiculado nas imagens de diversas mídias que permeiam o nosso cotidiano, imagens essas que o proclamam como veículo de prazer, como um meio propagandístico. As relações acabam por se dar na superficialidade dessas imagens (Maffesoli, citado em Villaça, 2002, p. 92), reduzindo o corpo a um mero instrumento de jogo hedonista.

O mecanismo capitalista sobre o corpo instiga o desejo de parecer-se com o outro – o *outro* é aquilo com que somos violentamente bombardeados, algo como um produto qualquer –, numa urgência para o presente que se esgota no aparecer (Villaça, 2002, p. 92). Para Mike Featherstone (1991), a indústria cosmética, a das academias de ginástica, a das clínicas de cirurgia plástica e a farmacêutica são construídas e aprimoradas sobre o problema do envelhecimento na sua luta contra a finitude da vida. Vemos uma estimulação capitalista que instiga o gozo da vida, no intuito de garantir a continuidade do mercado.[75] Logo, a cultura do consumo sobre o corpo não admite convicções tradicionais, mas flexibilidade e mobilidade por meio da novidade, buscando garantir a circulação de capital e o lucro.

A novidade pode ser dada pela moda – e, no caso de moda relacionada à vestimenta, será lançada de forma sistemática, sazonalmente. A novidade atua-

75 Discussão apresentada no capítulo 3, sobre Globalização, e que ainda será retomada.

ria na quebra de dogmas autoritários, preconceitos e dominações patriarcais, e, de acordo com Abbagnano (2003, p. 676), na introdução de novas crenças nas atitudes institucionais de um grupo a partir de rápida comunicação e assimilação. Essa novidade agora é dada principalmente por aquilo que as tecnologias podem produzir, e pelos paradigmas que tais tecnologias instauram.

O novo sobre o corpo na atualidade tem sido sugerido pelas novas tecnologias. Falar em novo significa falar em novos elementos e meios comunicacionais. Estudar, portanto, a maneira pela qual esses dois fatores atuam na sociedade é analisar a transmissão de informações e mensagens. A cibernética foi definida por Norbert Wiener em 1948 como o "estudo das mensagens como meios de dirigir a maquinaria e a sociedade" (1954, p. 15), e, com base nessa ideia, a comunicação entre os homens, entre homem e máquina e entre máquina e máquina passa a compreender pesquisas de mesma ordem. Wiener derivou o termo do grego *kubernétikê* ("arte de pilotar, de governar", passando depois pelo francês *cybernetique*, de 1834, "estudo dos meios de governo")[76] para falar sobre a maneira de "receber e utilizar informação" (p. 17) num processo de nos ajustarmos ao meio ambiente. Esse trabalho de Wiener tem a intenção, portanto, de realizar "o estudo comparativo dos sistemas e mecanismos de controle automático, regulação e comunicação nos seres vivos e nas máquinas".[77] Na comunicação entre homens e máquinas, o corpo passa a ser analisado da perspectiva da integração de recursos mecânicos e eletrônicos, ambos encarados como sistemas comunicativos.

Em 1964, Marshall McLuhan propõe que todo e qualquer artifício utilizado pelo homem em suas tarefas e nas relações sociais constitui extensão de seu corpo – a roupa, a casa, os meios de transporte, a televisão e a imprensa, por exemplo. O corpo, num "abraço global", pode abolir o tempo e o espaço (p. 17). Ambas as discussões (Wiener e McLuhan) abrem espaço para o corpo tecnologizado, no qual se questionam seus limites tradicionais. Hoje não se fala apenas de extensões, mas também de próteses internas, penetrando o corpo humano através das ciências biotecnológicas. Estas incluem nanotecnologias, que permitem não só o monitoramento interno desse corpo a distância, mas também seu aprimoramento, pressupondo processos autorregulativos.

---

76 *Dicionário Eletrônico Houaiss*, 2001.
77 Ibidem.

Essas modificações do corpo provocam o aparecimento de perguntas relacionadas à identidade, em virtude das diferentes maneiras atuais de se apresentar o corpo – nas infinitas possibilidades de ser vestido, tecnologizado, desterritorializado –, e do sacrifício desse corpo em função da aparência. Conceitos dicotômicos estabelecidos como gênero, privado e coletivo, belo e feio passam a ser colocados em questão. Como aponta Lucia Santaella (2004), questões entre "individual e coletivo, masculino e feminino, vida e morte, natural e artificial" são hoje discutidas incessantemente.

5.1.1 O corpo pensado pela moda hoje

Falar de moda como vestimenta é fundamentalmente falar do corpo como suporte criativo. Seja seguindo suas formas, seja construindo novos volumes, a roupa necessariamente se apresenta agregada à nossa cultura corporal. É no século XX que se organiza a reflexão sobre a relação do corpo com a moda, especialmente no sentido psicológico e cultural – reflexão que tem início com J. C. Flugel, na década de 1930. Seguindo nessa direção, McLuhan via a roupa como extensão de nossa pele, "uma extensão mais direta da superfície externa de nosso corpo" (1964, p. 140). Na atualidade, muitos autores têm se preocupado com o corpo em sua relação com a moda: entre eles podemos citar Castilho e Galvão (2002), Sant'Anna (1995), Wilson (1992), Villaça (1998), Mentges (2002) e Entwistle (2000).

Desde a década de 1930, Flugel (1966) já se preocupava com a questão. Ele e Elizabeth Wilson (Ash, 1992) compartilham a ideia de que a moda é nosso ser social por estabelecer elementos para nossas relações sociais. A roupa no século XX necessariamente pertence a um sistema de códigos advindos de nossa história individual e coletiva, de nossa experimentação e confirmação comportamental, bem como das hierarquias e simbologias firmadas pelo capitalismo. Se "comportamento" significa "reação de um indivíduo, de um grupo ou de uma espécie ao complexo de fatores que compõem o seu meio ambiente" (Houaiss, 2001), incluindo nossas necessidades e sentimentos íntimos, a roupa no século XX cumpre, em relação ao corpo, seu papel comportamental.

A moda se traduz na roupa que nos veste todos os dias. Sendo assim, de acordo com Entwistle (2000), a moda articula o corpo, produzindo discursos que são práticas corporais, como a maneira de vestir, de se comportar com aquela roupa e os motivos que nos levam a escolher tais peças. Por mais que "moda" seja uma dinâmica existente desde o século XV, é a partir de meados do século XIX que ela se articula diretamente à criação e à difusão de roupas, ao participar de um sistema de sociedade de classes advindo do capitalismo industrial e da sociedade burguesa. Isso porque surge nessa época a moda sistematizada, de experimentação e estabelecimento de bens simbólicos. O corpo assume, a partir daí, o centro de todas as questões relativas à moda, tanto no comportamento, na individualidade, quanto nas estratégias de marketing e propaganda utilizadas pela indústria.

No livro *A psicologia das roupas*, escrito na década de 1930, Flugel (1966) focaliza o modo como aparecemos diante do outro. Para esse autor, a expressão de nossas relações com o outro também se dá através das roupas que nos envolvem. O corpo aparece como nossa cultura individual, particularizando as cores, as formas e as texturas ali escolhidas e apresentadas. Por mais que falemos em uniformização ou homogeneização do modo de vestir, o corpo – e a maneira pela qual a cultura é incorporada a ele, determinando-o como único – é o elemento fundamental de diferenciação. Pierre Bourdieu (citado em Featherstone, 1997, p. 43) afirma que

> (...) os sinais das disposições e dos esquemas classificatórios que indicam as origens e a trajetória de uma pessoa através da vida se manifestam na conformação do corpo, tamanho, peso, postura, jeito de andar, porte, tom de voz, estilo de falar, senso do desconforto ou da desenvoltura corporal, etc. A cultura, portanto, é incorporada e não é apenas uma questão de quais roupas são usadas, mas como são usadas.

Se mil pessoas se vestem com calças jeans, ainda assim há que diferenciá-las, pois cada uma apresenta um comportamento corporal muito peculiar, coerente com seu mundo – com o mundo vivido individualmente. Numa perspectiva histórica, a moda oferece um verdadeiro indicador da "literatura" do corpo, mostrando as diversas formas pelas quais ele foi concebido ao longo do tempo. A moda é a incorporação cultural daquilo que nos cerca.

Como já vimos na análise dos diversos significados do termo "moda", esse conceito é necessário para a introdução e a organização de mudanças institucionais. Para Castilho (2002, p. 63), por exemplo, a moda é a atualização de nosso sistema de escritura de valores sociais sobre e para o corpo; logo, sem o dado do novo, a moda não existe. Ao longo do século XX, especialmente a partir de Poiret e Chanel – pois ambos lutam pela abolição do espartilho, propondo conforto mediante tecidos mais leves e formas mais simples –, a moda passa a ser concebida como instrumento de celebração da forma natural do corpo,[78] em contraste com aquela do século anterior (Featherstone, 1999, p. 177). E essa mudança cristalizou-se em inúmeros exemplos: no tecido de jérsei de Coco Chanel, nas linhas retas e soltas que imperaram nos anos 20, na influência dos esportes – atuando nas formas e no conceito da roupa do dia a dia –, nas saias amplas, nos tecidos desenvolvidos para melhorar o desempenho do corpo, nos sapatos mais confortáveis para cada modalidade e, principalmente, no desnudamento do corpo feminino.

De certa forma, todas as sociedades "vestem" o corpo, seja com pinturas, tatuagens, escarificações, perfumes ou com as roupas propriamente ditas. Barnard (2003, p. 85) narra uma anedota citada sobre mulheres Masai que utilizam minúsculas tiras de couro para cobrir os órgãos genitais, mas que se envergonham se os maridos as veem sem seus brincos. A sociedade ocidental de classes utiliza a roupa como um indicador de hierarquias, gênero, comportamento, linguagem e crenças, enfim, como indicador de sua individuação e coletivização. A roupa que vai sobre o corpo é um fator social. O corpo nu é extremamente subversivo, ainda mais se mostra suas particularidades e seu envelhecimento.[79]

5.1.2 O corpo e as novas tecnologias

Como já comentamos anteriormente, os futuristas utilizaram as tecnologias da época na criação de peças de roupa, buscando promover a intervenção da arte na vida. Mas é preciso lembrar outros dois fatores que sempre contribuíram e ainda influem nessa otimização do corpo para a vida cotidiana – os esportes e as tecnologias de guerra.

Tanto os esportes quanto as atividades bélicas exigem investimentos tecnológicos que busquem garantir, cada vez mais, a sobrevivência de nossos corpos em ambientes inóspitos. O limite do corpo humano é testado e questionado milímetro por milímetro, ou melhor, nanômetro por nanômetro. São essas

---

78 Salvo o "New Look" de Dior, odiado por Chanel.

79 Tal como se mostrou na exposição "Corpos pintados", em maio de 2005, na "Oca", Parque do Ibirapuera, em São Paulo.

tecnologias cada vez mais potentes e precisas que sugerem o novo no corpo contemporâneo. Um corpo sempre híbrido, desde o momento em que aprendeu a utilizar ferramentas para melhorar seu desempenho, e que hoje se vale das tecnologias digitais para garantir um melhor funcionamento. Um corpo que hoje admite a projeção dessas ferramentas tanto internamente como bem próximas à pele, num caminho para a confirmação de corpos como sistemas autorregulativos. São essas as questões relevantes para nossa discussão sobre a relação entre a moda e as novas tecnologias.

A questão que merece destaque refere-se à maneira pela qual esse corpo tecnologizado – com seus paradigmas – é apresentado na moda. Portanto, muito se tem discutido a respeito do ponto além do qual deixamos de ser humanos para nos tornarmos máquina. Como aponta Priscila Arantes (Arantes e Avellar, 2004, p. 139), a questão não consiste em conhecer esses limites, mas em saber quais são as transformações conceituais e paradigmáticas pelas quais passa o corpo humano.

Santaella (2003) apresenta uma análise esclarecedora sobre a hibridação homem-máquina, denominada *pós-humana*. Afirma que a questão homem-máquina se faz presente no desejo de sobreviver em todos os tipos de ambientes – não só os terrestres, mas também os externos a este planeta –, desejo que busca amplificar as funções do corpo humano, agora híbrido.[80]

Nesse trabalho, a "hibridação" está relacionada a um processo de rápida junção entre inúmeros elementos de naturezas diferentes, que se intensificam com as tecnologias digitais. Isso pode provir de práticas biológicas e químicas realizadas não apenas sobre o próprio corpo humano, como sobre o meio ambiente. Também pode surgir na sobreposição de culturas, originando ou-

80 O termo significa "que ou o que é composto de elementos diferentes, heteróclitos, disparatados" (Houaiss, 2001). Hibridação e hibridização são sinônimos e significam "cruzamento natural ou artificial de indivíduos de espécies diferentes", de cunho biológico, que também remete à tentativa de garantir a sobrevivência de várias espécies vegetais em ambientes diversos. Hibridação, para Canclini (2003), significa "processos socioculturais nos quais estruturas ou práticas discretas, que existiam de forma separada, se combinam para gerar novas estruturas, objetos e práticas". Assim, o autor aponta para uma evolução do conceito, chamando atenção para a cultura urbana, que intensifica a hibridação das culturas em função do entrecruzamento de diversas forças, reestruturando a comunicação, dos meios massivos à telemática (2003, p. 285-6).

tras, como nos mostra Derrick de Kerckhove.[81] Em específico, esse autor sugere que a hibridação pode se dar tanto na língua e nos movimentos migratórios como também na transposição dos objetos para o formato digital. Nesse caso, a invenção passa a ser vista como uma bricolagem digital a partir de misturas e *samplings*, cultivados por *softwares*. Com o processo de globalização vem a implosão em que todas as culturas se sobrepõem, inclusive a cultura corporal, em que aparatos tecnológicos acabam alterando as condições de vida.

Condição pós-humana é uma expressão criada para mostrar que aquilo que compreendemos como "humano" mudou e ainda vem passando por uma grande transformação (Pepperel, citado em Santaella, 2003, p. 240). Para Ansell Pearson (citado em Clarke, 2000, p. 203), essa condição, também chamada de *trans-humana*, refere-se à superação do homem por ele mesmo no intuito de descobrir ou reinventar aquilo que é humano. Três autores citados por Lucia Santaella (2003) anunciam questões relevantes para os novos paradigmas daquilo que é humano: Roy Ascott, Pepperel e Hayles. Em 1995, Roy Ascott associava o pós-humano "à consciência emergente que se expande para além do organismo humano", anunciando "que estamos a caminho de nos tornarmos biônicos" (p. 192). No mesmo ano, Pepperell afirmava que nos conduzimos para uma "convergência geral dos organismos com as tecnologias", que as torna indistinguíveis de nós (p. 192). Essa convergência é possibilitada pelas tecnologias associadas a "realidade virtual, comunicação global, protética e nanotecnologia, redes neurais, algoritmos genéticos, manipulação genética e vida artificial" (p. 192). Segundo Hayles (também em Santaella, 2003, p. 192), essas tecnologias auxiliam a construção do corpo humano, formando um circuito integrado orgânico e não orgânico, contendo *chips* associados à matéria de carne e osso.

No entanto, o pós-humano entrou em voga graças às novas condições do corpo propostas pelas tecnologias associadas à biologia e à teleinformática. Essas condições seriam intensificadas pelo uso das nanotecnologias, que tornam a ideia de simultaneidade da vida cada vez mais presente na sociedade contem-

81 Para Derrick de Kerckhove, os principais elementos de hibridização que temos são os genes, os átomos e os *bits*. Quando a hibridização acontece, cada elemento se integra a outros ou se parte, na tentativa de isolamento, isto é, na busca de uma "pureza", justificando ou apontando a intensificação de fundamentalismos. (Informações extraídas do catálogo de apresentação do evento "Hybrid – living in paradox", do Festival de Arte Eletrônica de 2005, Linz, Áustria.)

porânea. Essa simultaneidade significa a possibilidade de "estar presente" em diversas "comunidades" (virtuais) em curtos espaços de tempo, estabelecendo comunicação com indivíduos de qualquer parte do mundo. A exemplo dos VeriChips[82] e VeriPays,[83] trava-se uma discussão sobre a reformulação de novas regras formais, morais e éticas para as dinâmicas sociais e econômicas futuras.

5.2 O corpo globalizado

Já vimos como as vanguardas foram precursoras das roupas utilitárias e dos *wearable computers* – estes, praticamente uma continuidade daquelas –, no início do século XX. A liberdade de executar tarefas em qualquer situação – independência diante do tempo e do espaço – só vem confirmar o que aqueles artistas anteviram há quase cem anos: o corpo pode carregar, hoje, de forma confortável, tudo aquilo que é necessário para flanar no mundo e sobreviver em ambientes não favoráveis. Aqueles artistas visionários buscavam facilitar a comunicação entre indivíduos e auxiliá-los nas tarefas exigidas pela vida nas metrópoles, e suas propostas se veem realizadas hoje, como parte do processo de globalização na sociedade em rede.

Como afirma Castells (1999, p. 403), existe hoje uma estrita ligação entre espaço e tempo, dada pela sociedade em rede. A globalização das economias e as tecnologias da informação são obviamente responsáveis por isso, na medida em que permeiam a vida cotidiana de todas as partes que compõem o sistema global.

---

82 Disponível em www2.uol.com.br/tropico/novomundo_9_1797_2.shl, "Coleiras digitais", por Giselle Beiguelman, e no http://pphp.uol.com.br/tropico/html/textos/1797,1.shl. Verichips são microsensores digitais que podem ser inseridos sob a pele, contendo dados de identificação do usuário. Entre as várias utilizações, são empregados para segurança de prédios, em maternidades (a fim de garantir o monitoramento do bebê), e em portas de entrada de residências (a porta se abre somente para pessoas com o chip, fechando-se logo em seguida). São dispositivos que funcionam como verdadeiras "etiquetas digitais".

83 De acordo com o site www.technovelgy.com/ct/Science-Fiction-News.asp?NewsNum=20, são dispositivos implantados no usuário a fim de evitar roubo ou perda de cartão de crédito, anulando o problema de identificação do portador.

Hoje, vivemos a interdependência econômica entre os países. As fronteiras geográficas ainda são reais, embora atravessadas pelos meios de comunicação, que alteram a maneira pela qual as compreendemos. Mesmo que exista um controle rígido a cargo dos detentores desses meios de comunicação e dos responsáveis pelas decisões econômicas internacionais, a comunicação imediata atual é intensa e múltipla. Nessa sociedade em rede, a economia se organiza em torno de centros de controle e comando que se tornam capazes de coordenar, inovar e gerenciar as atividades também interligadas em redes de empresas (Castells, 1999, p. 469).

A informação e os comandos provêm desses centros e são distribuídos numa rede de fluxos por todo o globo (desterritorialização), fragmentada e simultaneamente,[84] por mais que a produção não esteja mais concentrada apenas nos grandes centros urbanos.

Para Castells (1999), as informações, as relações econômicas e sociais se dão "entre posições fisicamente desarticuladas, mantidas por atores sociais nas estruturas econômica, política e simbólica da sociedade" (p. 501). Isso é possível graças à combinação de alguns fatores: suportes (como o circuito de impulsos eletrônicos), centros de importantes funções estratégicas (chamados por esse autor de "nós") e "elites gerenciais dominantes", que se organizam e são específicas de cada estrutura social (p. 503-4). Essa combinação é denominada por Castells de "espaços de fluxos".

Cada localidade permanece ligada aos centros através da rede, formando esses espaços de fluxos. E os "nós" vão se ligando às demais localidades, atenuando o binômio centro-periferia. Ainda há a possibilidade do surgimento de outros nós, outrora localidades secundárias. Consequentemente, temos "as cidades informacionais caracterizadas pelo predomínio estrutural do espaço de fluxos" (Castells, 1999, p. 488). Passamos, assim, por um redimensionamento da vida, pois a ideia de centro perde importância e desloca-se para "lugar nenhum, sua circunferência está em todos os lugares, e cada um de seus elementos está relacionado com todos os demais" (Lévy, citado em Santaella, 2003, p. 240).

Desse desejo e desses ideais, vemos claras realizações no sistema global de hoje – não apenas na economia, mas em diferentes âmbitos da vida –, dadas pela sociedade em rede e pelas novas tecnologias. As tecnologias chegam a tal ponto de especialização que, além de passarem a fazer parte da vida cotidiana,

84 Como já observado no capítulo 3 deste trabalho.

funcionam como próteses (McLuhan, 1964; Stelarc, 2000), passando a compor o funcionamento do próprio corpo humano, intensificando a discussão sobre a questão do *ciborgue*. O corpo passa a ser um projeto tanto do design quanto da engenharia (Goodall, 2000, p. 149).

5.2.1 O corpo globalizado na moda

Quando a moda passa a integrar os elementos e processos associados ao pós-humano, tais desenvolvimentos já se tornaram parte de nosso dia a dia. As novas tecnologias otimizam o funcionamento do corpo, possibilitando sua sobrevivência em diversos ambientes, e é nesse aspecto que entra em cena a moda, pois cabe à roupa trazer esses artifícios tecnológicos para perto do corpo, podendo, ainda, agregar as novidades a silhuetas que traduzam tais mudanças. Para que as novas tecnologias sejam atribuídas ao corpo, é fundamental, portanto, que se desenvolva um design específico para seus aparatos.

Esse tipo de hibridação já pode ser visto na moda sob diversas formas: nos tecidos inteligentes, nos *wearable computers* e nos questionamentos sobre masculino e feminino que veremos a seguir.

5.2.2 Tecidos e esportes

Os tecidos e estilos desenvolvidos para os esportes e para as atividades militares – estes muitas vezes surgidos durante as guerras – merecem uma menção à parte, pois há muito tempo vêm influenciando a moda do dia a dia. Além disso, a tecnologia associada a esses dois setores vem interferindo consistentemente na vida cotidiana há cerca de cem anos. As primeiras peças produzidas industrialmente e vendidas prontas para o uso, no final do século XIX, eram roupas de banho, geralmente feitas de tricô. No período da Primeira Guerra Mundial (O'Mahoney & Braddock, 2002, p. 12), o aviador inglês Sidney Cotton considerou desconfortáveis as roupas próprias para sua função, feitas de lã, seda e couro, e decidiu criar um casaco composto por uma fina camada de lã, seguida por uma de seda, resistente ao vento, e, externamente, por uma terceira camada de tecido impermeável, este desenvolvido pouco antes por Thomas Burberry (Callan, 1998, p. 46). O modelo tornou-se moda rapidamente e contribuiu para a disseminação da marca desse tecido impermeável, que ficou conhecido como gabardine.

Mas a prática de esportes e especialmente o uso da bicicleta como meio de transporte também contribuíram, no início do século XX, para a introdução de uma nova peça no guarda-roupa das mulheres: as calças compridas. Algumas usavam essa peça longe das atividades esportivas, embora timidamente, mas outras já a adotavam como roupa de trabalho nas indústrias bélicas tanto na Primeira quanto na Segunda Guerra Mundial (nesta última, com maior frequência).

Coco Chanel criou em 1914 maiôs femininos para natação, rapidamente disseminados para a ida à praia e para os banhos de sol. Os "pijamas", também propostos por ela, eram roupas usadas para a prática de esportes ao ar livre, e se tornaram moda na costa francesa em períodos de veraneio. Já nos anos 20, Chanel e Schiaparelli criaram roupas para mulheres praticarem tênis – saias mais curtas ou saias sobrepostas a calças. Esse estilo foi adotado por algumas estrelas de Hollywood nas telas e fora delas, entre as quais Marlene Dietrich, Greta Garbo e Katherine Hepburn. Mas é fundamental lembrar, também, o grande feito de René Lacoste na década de 1920: lançou a camiseta com o logo de um jacaré especialmente para a disputa do torneio US Open. Sua ousadia rendeu um grande negócio, mundialmente conhecido até hoje como a marca que leva seu nome.

A partir da Segunda Guerra Mundial, muitos materiais desenvolvidos para tarefas militares foram migrando para a roupa do dia a dia. As fibras de carbono e de vidro foram utilizadas em razão de sua alta resistência e leveza (O'Mahoney & Braddock, 2002, p. 13-4). O náilon e o poliéster ganharam destaque por serem confortáveis, apesar de sua respiração difícil, e substituíram fibras naturais, escassas naquele período.

Ainda na década de 1940, a norte-americana Claire McCardell ficou famosa por criar roupas elegantes e ao mesmo tempo confortáveis para as práticas esportivas, estabelecendo aquilo que se denominaria *sportwear*. Além disso, McCardell foi a primeira costureira a relacionar a dança à moda cotidiana, inserindo sapatilhas de balé estilizadas em sua coleção de 1941 (O'Mahoney & Braddock, 2002, p. 14).

Os esportes foram glamourizados por Hollywood a partir da década de 1950, quando o nado sincronizado disseminou-se graças à nadadora e atriz Esther Williams.

A partir da década de 1970, as empresas *Speedo* e *Nike* passaram a contratar esportistas para testar e inovar roupas esportivas, enquanto a *OP* e a *O'Neill* foram criadas pelos próprios surfistas (a *OP* por Jim Jenks e Chuck Buttner, e a *O'Neill* por Jack O'Neill). Os dois sócios na *OP* queriam confeccionar roupas que melhorassem o conforto e a performance em seu esporte. Jack O'Neill, por sua vez, percebeu por experiência própria que os surfistas precisavam de roupas para nadar nas águas frias e passou a desenvolver peças com neoprene, um tecido que secava rapidamente, era impermeável e ajudava a manter estável a temperatura do corpo. Posteriormente, O'Neill passou a desenvolver roupas de mergulho, esqui e triátlon, nas quais o conforto e a respiração da pele eram garantidos (O'Mahoney & Braddock, 2002, p. 16-8).

Ainda na década de 1970, o estilo esportivo foi intensamente disseminado. A DuPont melhorou sua fibra sintética conhecida como Lycra (elastano), criada em 1958. Essa fibra passou a integrar não apenas lingerie e roupas de esporte como a natação, mas também as meias-calças. As Olimpíadas de 1972 de Munique foram particularmente importantes para a difusão desse estilo – o evento foi o primeiro totalmente televisionado em cores. Nessa época, as cores já eram utilizadas nas roupas, permitindo que o público presente distinguisse os participantes, mas agora também os telespectadores passavam a beneficiar-se com elas (O'Mahoney & Braddock, 2002, p. 19).

A década de 1980 viu a exacerbação do estilo esportivo, associada a um sempre crescente culto ao corpo. Proliferaram academias de ginástica por todo o Ocidente, e as formas relacionadas a tecidos confortáveis e elásticos transformaram esse estilo em uma verdadeira febre. A calça de Lycra colorida, as polainas e a roupa justa ao corpo confirmam a influência dessa prática que cada vez mais reflete não apenas a necessidade de conforto e a busca do corpo perfeito, mas também um estilo de vida.

Nas Olimpíadas de 2004, o mundo impressionou-se com as vestes de alguns nadadores utilizando tecidos desenvolvidos com base em estudos sobre a estrutura da pele de tubarão. A *Speedo* (O'Mahoney & Braddock, 2002, p. 126-7) criou roupas com um tecido que apresenta uma estrutura de pequenos "canais" por onde a água escorre rapidamente, diminuindo o atrito. Na mesma linha, o "Swiftsuit" da *Nike* traz uma solução aerodinâmica para corredores. Este cobre todo o corpo do atleta, inclusive a cabeça, e em seu projeto foram calculadas as áreas de maior concentração de suor no corpo. Para cada área designou-se um tipo de tecido, e as costuras foram posicionadas quase todas na parte traseira, evitando assim a retenção de fluido na porção frontal.

Na natação, a tecnologia tem por objetivo proporcionar o menor atrito possível com a água, melhorando a *performance* do atleta; nos esportes de solo, os calçados utilizam agora materiais com alta capacidade de respiração, cada vez mais específicos para as diferentes modalidades. A Adidas lançou um modelo de tênis que contém um microchip; ele "percebe" o tipo de solo pelo simples contato e adapta-se ao impacto através de amortecedores acoplados à sola.

A empresa Solomon criou o tênis chamado *Techamphibian*, para caminhadas em lugares muito úmidos. A tecnologia garante a circulação de ar dentro do tênis e, segundo seus fabricantes, "não retém água em seu interior. Há um sistema de amarração que permite ajuste seguro e preciso com apenas uma puxada. Na região do calcanhar, há uma tira ajustável para melhor fixação até com os pés molhados. E a palmilha tem tratamento antimicrobiano".[85] A Adidas, por sua vez, investe numa novidade denominada Mali, feita de uma malha de secagem rápida; a sola dispõe de um sistema que faz a água escoar antes de chegar aos pés e é antiderrapante.

É interessante observar que a "linha esporte" pode aparecer de várias formas na moda. Podemos citar três delas: a primeira, pela marca que se restringe a artigos para esportes; a segunda possibilidade consiste na marca que integra em sua coleção a "linha esporte", mas não trabalha especificamente com esportes – assim como temos as linhas estruturadas, clássicas, para jovens, para festas etc; e no terceiro caso, a ideia do esporte aparece como se fosse um *estilo*. É o conceito esportivo que vem associado à roupa do dia a dia como característica específica – é o que ocorre com a Ralph Lauren, que agrega a ideia do esporte em roupas de cores e cortes mais clássicos.

Os deficientes físicos passam a ocupar mais espaço – a caminho da plena cidadania – quando aparatos para a prática de esporte e as vestimentas respectivas levam em conta as suas dificuldades, desde o momento da criação. As Paraolimpíadas, um ótimo exemplo nesse sentido, tiveram início em 1976, com os Jogos de Inverno Paraolímpicos. E o desejo de inserção dessas pessoas na vida cotidiana vem atraindo inúmeros profissionais. Fátima Grave (2004), por exemplo, desenvolve em São Bernardo do Campo (SP) uma modelagem específica para os deficientes físicos, e o neurocientista Miguel Nicolelis, da Universidade de Duke (EUA), prossegue em suas pesquisas envolvendo tetraplégicos.

---

85 Disponível em moda.terra.com.br/interna/0,,OI453483-EI1119,00.html, acessado em 12.01.2005. As informações sobre a Adidas constam no mesmo site.

O corpo não ideal, que escapa aos ideais de beleza, passa a ser aceito quando se reconhecem as diferenças e especificidades. Algo em certo sentido contraditório: um mundo que busca o ideal através de cirurgias de alta tecnologia também busca a aceitação do diferente em seu cotidiano.

O'Mahoney e Braddock (2002, p. 132) lembram que as vestimentas "esportivas" promovem também uma silhueta jovem, saudável e ativa, dando às coleções um caráter mais contemporâneo. Além disso, devemos destacar a funcionalidade e a praticidade das roupas esportivas a partir de pesquisas na área da física e da engenharia têxtil que continuam, cada vez mais, dependendo da indústria bioquímica. A revista *View* (n.62, verão 2003, p. 17-8) faz uma diferenciação entre os *technical textiles* – os "tecidos técnicos" –, e um subconjunto desse setor, os tecidos "inteligentes". Estes dizem mais respeito às tecnologias que integram a micro e a nanoeletrônica, numa nova área chamada de "textronic". Os tecidos inteligentes são construções realizadas pela engenharia têxtil e pela indústria bioquímica, obviamente associadas ao design têxtil.

As diversas características desses tecidos estão relacionadas às *funções* que motivaram sua criação: proteção, facilidade no cuidado, capacidade de respiração, conforto, durabilidade, resistência à lavagem, ao vento. Suas aplicações principais concentram-se no esporte e na saúde, mas um setor denominado de "geotêxteis" volta-se para tecidos utilizados na construção de estradas, canais e túneis, como também em roupas que promovam a diminuição das descargas eletrostáticas (especialmente ao sair do carro).

A tecnologia espacial também vem sendo aplicada às roupas do dia a dia, como por exemplo na parceria entre a *European Space Agency – ESA* e a companhia italiana *D'Appolonia*. Desenvolveu-se, assim, um material que pode ser esticado e deformado, pois, graças a uma "memória", volta à sua forma original. Já a *Italian Fashion*, em parceria com a *Corpo Nove*, criou uma camisa programada para diminuir o comprimento das mangas assim que a temperatura do ambiente aumenta. Esse tecido pode ainda ser reduzido a uma pequena esfera, voltando à forma habitual mediante um jato de ar quente, como o de um secador. Obviamente, esse tecido dispensa o ferro de passar.

Ainda de acordo com o estudo promovido e publicado pela revista *View*, os tecidos com fibra óptica em sua trama merecem destaque entre os tecidos inteligentes. Até 2002, o ano de sua publicação, os únicos fornecedores dessa fibra eram a *Mitsubishi* e a *Toray*, num monopólio que a tornava extremamente cara. Inicialmente, esse tecido era indicado na iluminação especial de prédios, uma vez que promovia alterações de cor. A *Dubar Wartneton*, empresa francesa, criou uma cúpula de abajur cuja cor se alterava em função da temperatura, e desenvolveu um cinto especialmente para um bailarino – sua cor se alterava de acordo com o movimento.

Quando essas tecnologias se voltam para o vestuário, as peças ficam conhecidas como *softwear*, podendo passar para roupas e acessórios do cotidiano – é o caso da lã fria, utilizada em ternos.

O setor está, obviamente, em constante expansão, mas algumas novidades – não só nos tecidos, mas também nos aditivos e nos tratamentos a que estão sujeitos – merecem destaque neste trabalho, uma vez que atuam fora ou na superfície dos corpos, intensificando as suas capacidades de expressão e de conexão para além dos limites territoriais (Bruno, citado em Santaella, 2004, p. 57).

5.2.3 Alguns tratamentos e aditivos em fibras, fios e tecidos [86]

- Antiácaros: evitam que os ácaros permaneçam próximos ao corpo ou no ambiente;
- Anti-UV: funcionam como protetores solares, filtrando os raios nocivos à pele;
- Antichamas: tecidos que concentram a chama e não permitem que esta se espalhe;
- Encapsuladores de odores: produtos para aromaterapia, hidratantes, repelentes de insetos e produtos com efeitos curativos;
- Fluorcarbonos: permitem a fácil remoção de sujeira e manchas;
- Tecidos com Teflon (marca registrada da DuPont): evitam manchas e não amassam, sendo impermeáveis à água e ao óleo;
- Antiestresse: resultam de um tratamento aplicado à fibra, ao fio ou ao tecido; contêm cápsulas que liberam óleos essenciais que acalmam o indivíduo; essa linha inclui os tratamentos contra insônia;

86 As informações nesta e na próxima listagem, quando não indicadas, constam de palestra ministrada por Fabiana Mendes, na Faculdade de Belas Artes de São Paulo – Febasp, em 19.5.2005.

- Antibacteriológicos: contêm substâncias que combatem bactérias, mesmo que não as eliminem totalmente. Esse tipo de tratamento dado ao tecido pode também combater odores da transpiração (O'Mahoney & Braddock, 2002, p. 50);
- Termorreguladores: úteis tanto no frio como no calor. Com acabamento de resina de poliuretano, a estrutura molecular do tecido se expande quando sujeita a baixas temperaturas, "fechando sua trama", e se contrai no calor. Em outro setor existem as fibras ocas, que inflam com ar. Também há materiais que, de acordo com sua estrutura, absorvem o calor do corpo, liberando-o quando necessário.
- Termocromáticos: mudam de cor em função da temperatura do corpo, servindo não só como detalhe decorativo (ornamentação), mas também como ferramenta de sinalização, caso o indivíduo fique extenuado (O'Mahoney & Braddock, 2002, p. 54-5).
- Saúde: tecidos utilizados como curativos que evitam a proliferação de bactérias em um machucado na superfície do corpo, funcionando como uma pele reguladora (*View*, n. 62, p. 17);[87]
- Aerogel: desenvolvido na década de 1930, é utilizado pela Nasa, a agência espacial norte-americana. É muito leve – apenas três vezes mais denso que o ar – e tem alta capacidade de isolamento contra o frio;
- Refletores ópticos: tecidos que refletem luz mesmo em lugares com baixíssima iluminação. Em geral, são utilizados por trabalhadores noturnos em vias de trânsito e esportistas noturnos, mas vêm passando para a moda rapidamente (O'Mahoney & Braddock, 2002, p. 70);
- Metal: muitos metais podem ser utilizados em mistura com tecidos; é o caso do aço com cashmere, que, além de dar à peça um ar mais luxuoso, determina o seu retorno à forma original. A prata atua em tratamentos termorreguladores, pois reflete o calor do corpo, mantendo-o quente; além disso, atua como inibidora de micróbios, odores e eletricidade estática (O'Mahoney & Braddock, 2002, p. 66);
- Carbono: adicionado ao tecido, pode prolongar sua durabilidade e é extremamente leve, podendo resistir a altas temperaturas sem perder a flexibilidade (O'Mahoney & Braddock, 2002, p. 67);

87 A revista *IstoÉ* (4.8.2004, n. 1817, p. 91) trouxe reportagem sobre os chamados "supercurativos", que evitam infecções nas feridas.

- Pó de cerâmica e vidro: funcionam para baixas temperaturas e são resistentes ao fogo. Repelem líquidos, são elásticos e resistentes;
- Silicone: pode "substituir" a costura assim como acontece no acabamento de algumas malhas de tricô (O'Mahoney & Braddock, 2002, p. 68).

5.2.4 Alguns desenvolvimentos em fibras

- Fibras metálicas: para a neutralização de ondas magnéticas;
- Ingeo: de acordo com Tim Eynon, administrador geral da Cargill Dow, o nome significa *ingredients from the Earth* (*View*, n. 62, p. 16). Trata-se de uma fibra (ácido polilactídeo – PLA) derivada do milho, configurando-se como um recurso sustentável, renovável anualmente. De acordo com a revista, o processo utilizado na conversão do milho pode ser aplicado a muitas plantas fermentáveis e em seus restos. Pode tornar-se uma alternativa para o poliéster, pois em várias comparações mostrou resistência igual ou superior à dele. É biodegradável, e em comparação com o poliéster implica uma economia de 50% na energia despendida na fabricação. O PLA pode ser misturado com algodão, com resultado mais confortável que o obtido na liga poliéster-algodão. É resistente ao tingimento em cores fortes, permite a respiração da pele e tem boa capacidade de absorção, além de ser útil na linha de *active wear* e ser resistente ao fogo;
- Fibra de bambu: objeto de experiências recentes na China (*View*, n. 62, p. 17);
- Lopma (*View*, n. 62, p. 17): fibra de um tipo raro de juta, encontrado no Deserto de Taklamakan (China), traz benefícios para a saúde por estimular células do corpo, protege contra o sol e tem propriedades antibacteriológicas. Vem sendo utilizado pela Xinjiang Green Health;
- Tecnonaturais: tecidos com fibras naturais – como algodão, linho e lã – misturadas às sintéticas, aceitam acabamentos diversos. O exemplo mais conhecido é a lã fria da The Woolmark Company, muito leve; um acabamento especial torna esse tecido agradável no contato com a pele.
- Fibras regeneradas: tecidos originados de fontes naturais sujeitas a tratamento químico. O *tencel* (marca registrada da Tencel Ltda.) provém da polpa do eucalipto, tratada quimicamente a fim de promover um toque macio e suave, sem agredir a pele.

- Couro: conhecido milenarmente, pode sofrer tratamentos que o tornem leve ou mesmo elástico, quando combinado com elastano.
- Não tecidos: cada vez mais usados, a começar pela área da saúde, pois são potencialmente descartáveis. São chamados assim por não serem produzidos a partir do básico entrelaçamento trama-urdume;
- Fibras de algas: desenvolvidas pela Sea Sell;
- Fibras de papel;
- Fibras de extrato de caranguejo: feitas da carapaça do animal, ainda que misturadas com outras;
- Fibras de extrato de flor;
- Integração com microchip: desenvolvida com tecnologia Infineon, demerging Technologies Group e da empresa alemã AG.

A variedade de tecidos inteligentes e de *wearable computers* (ou *wearcomps*) vem crescendo aceleradamente. Nos últimos anos, surgiu até mesmo um novo segmento na indústria da moda,[88] especialmente voltado para a pesquisa de aparatos ligados aos *wearcomps* e tecidos inteligentes. Esses artigos estão cada vez mais se diversificando e tomando espaço nas criações de moda, como também na decoração de interiores e na indústria automotiva, por exemplo. O que precisamos entender é que essas mudanças trazem alterações em nossa percepção do mundo, começando pela superação do espaço físico e por mudanças nos modos de comunicação. Outros itens já existiam em nosso cotidiano, mas agora a vestimenta é o objeto dessas novas tecnologias, e esses tecidos estão atuando na superfície dos corpos de maneira antes desconhecida. Eles estão revestindo nossos corpos "com uma espécie de segunda pele supersensível, capaz de transmitir informações entre o homem e a máquina de um modo cada vez mais direto e livre de constrangimentos de peso, movimento e deslocamento no espaço" (Rosnay, citado em Santaella, 2004, p. 59).

Entre os tecidos técnicos, merece destaque o Sofinal (O'Mahoney & Braddock, 2002, p. 96), de uma tecelagem belga. Ele se reconstrói imediatamente quando perfurado, e assim protege o corpo; funciona, portanto, como uma

---

88 De acordo com texto disponível no site www.wgsn.com, acessado em 15.2.2005.

pele que, ao machucar-se, dispõe de elementos autorregulativos para se reconstruir. Essa técnica, desenvolvida em pleno século XXI, favorece a criação estética atual numa parceria semelhante à que era proposta pelas vanguardas russas (Menezes, 2001, p. 123): "pela adequação técnica do artista aos novos modos de produção industrial".

5.2.5 Wearable computers

Os *wearable computers* (ou *wearcomps*) são aparatos tecnológicos que congregam desde elementos computadorizados inseridos nas tramas dos tecidos até objetos de comunicação acoplados ao corpo por meio das roupas. De acordo com Steve Mann, um dos mais importantes especialistas nessa área, os *wearcomps* são acoplados no corpo do indivíduo e atuam de forma interativa com ele. Podem executar uma tarefa enquanto a pessoa que os veste atua em outra. São reconfiguráveis, e por isso diferem de objetos como relógios e aparelhos (disponível em wearcam.org/wearcompdef.html). Os *wearcomps* se valem da funcionalidade dos computadores e ainda possuem interconectividade com a pessoa que os veste.[89]

A moda integra e desenvolve tais tecnologias das mais variadas formas, criando novas modalidades ou se apropriando daquelas desenvolvidas para outros propósitos. É o que ocorre com objetos inicialmente destinados à tecnologia espacial, à telemática, à biotecnologia e à técnica esportiva. Vale lembrar que Walter van Beirendonck, criador de moda belga, se apresenta como se tivesse sofrido uma hibridação celular – meio homem, meio camaleão, como podemos ver em seu site repleto de imagens de suas coleções, curadorias, publicações e seu universo que supera as fronteiras estabelecidas, e mostra que atua como designer de carro, de roupas e de seu próprio corpo.[90]

Steve Mann e Stelarc são, possivelmente, os nomes que melhor representam esse desejo de hibridação, por meio de seus *wearable computers* e de próteses no corpo humano. E, no caso, tais "próteses" são "construções artificiais para substituir ou intensificar funções orgânicas" (Santaella, 2003, p. 227). Esses criadores concretizam, com suas construções, a ideia de "estar na rede" como parte do dia a dia. A própria pele pode ser tratada como uma extensão, funcionando como

---

89 *walkman*: *"it has the full functionality of a computer system but in addition to being a fully featured computer, it is also inextricably intertwined with the wearer"*.
90 As imagens estão disponíveis em seu site, www.waltervanbeirendonck.com.

uma constante ressignificação do corpo, e essas invenções são praticadas sobre o corpo, a moda pode unir a tecnologia e a estética em uma só criação.

Um evento patrocinado pela *Charmed Technology* reuniu estilistas e pesquisadores do MIT (Boston, EUA) em 1999 e teve por objetivo apresentar um desfile constituído apenas de *wearable computers* – significativamente intitulado "Prêt-à-PC". Surgiram nesse evento roupas com micro *webcams*, com celulares acoplados, com acesso à Internet imediato – bastando vesti-las –, tudo possibilitando a livre movimentação do indivíduo, sem impedir a execução das tarefas diárias de trabalho e lazer.

A pele humana passa a ser algo de extensão global, fazendo que o indivíduo possa estar presente em todo o globo de forma virtual. Como afirmou Kerckhove: inova-se "uma pele satelítica, capaz de perceber toda a superfície do globo" (Santaella, 2003, p. 225), a exemplo dos *wearable computers* e dos tecidos que contêm microchips em sua trama.

Um bom exemplo dessa "pele satelítica" é o *smart second skin dress*, de Jenny Tillotson (Smith & Topham, 2005, p. 156-7), sênior em design de moda da *Saint Martin*, Inglaterra. Esse vestido foi sugerido pela primeira vez por Adeline André, famosa estilista parisiense, que o denominou *scentorgan*.

Aprimorado por Tillotson, esse vestido, tal como o corpo humano, possui seu sistema de circulação, contendo "glândulas de perfume", e um sistema nervoso que leva a pessoa que o veste a experienciar e controlar os diferentes "estados emocionais" do vestido. Vemos em sua trama uma rede de "veias" que contêm líquidos coloridos de diversos aromas, bombeados por um dispositivo que imita a função do coração, produzindo e emitindo odores sentidos pela pessoa que o veste e por quem estiver perto. É por isso que as experiências com esse vestido têm envolvido, além de odores relaxantes, feromônios[91] que servem de mensagens àqueles ao nosso redor. Essa ideia pode ser modificada se o vestido passar a ser controlado por microchips. Esses microchips poderiam receber informações de uma outra pessoa via Internet, emitindo comandos para liberar determinados perfumes. Seria uma maneira de enviar perfume de forma digital.

Podemos mencionar outras novas tecnologias de *wearable computers*. Por exemplo, o *Soft Wrist Phone*, parceria entre *ElekSen Limited* e *Ideo* (empresas

---

91 De acordo com o *Dicionário Houaiss*, 2001, feromônio é uma "substância biologicamente muito ativa, secretada especialmente por insetos e mamíferos, com funções de atração sexual, demarcação de trilhas ou comunicação entre indivíduos".

de tecnologias digitais e design), é um telefone celular "vestido" no pulso, ligado pela tecnologia *wireless* a um *headphone* (O'Mahoney & Braddock, 2002, p. 80). Assim também é o *Electronic Sportwear* da Philips Design, constituído por roupas esportivas que contêm em seu bolso um circuito condutivo ligado a um sistema de áudio portátil, acionado pelas cordas costuradas na gola do casaco. O *Pressure Fabric* da *ElekSen Limited*, por sua vez, consiste num tecido combinado com software que capta estímulos de pressão, transformando-os em dados digitais (O'Mahoney & Braddock, 2002, p. 81).

O macacão *Tecno Surfer* é uma roupa de esqui projetada pela *Philips Design* e inclui sistema GPS (localização por satélite), sensor e materiais que automaticamente aquecem o corpo quando a temperatura cai abaixo de determinado ponto (ibidem, p. 82). Já as *smart shirts* são camisetas que possuem sensores de pressão e temperatura e dispositivos que determinam a posição do indivíduo no globo terrestre. Além disso, são feitas com tecidos antimanchas, à prova d'água e antibacteriológicos. Esses dados são enviados para um site particular, ao qual somente o médico tem acesso. Este pode monitorar as condições do paciente e emitir remotamente as receitas para seu tratamento.

Mais uma vez a tendência das roupas utilitárias, na indústria da moda atual, concretiza antigas ideias. As criações contemporâneas não deixam de ser aplicações das ideias preconizadas por Rodtchenko em 1922 com seu macacão funcional, por exemplo. Observamos as propostas de uso de macacão em várias coleções, como vimos nas coleções de inverno 2003 apresentadas na SPFWpor Ricardo Almeida, Gloria Coelho e Jum Nakao.

As *safety clothes* da *CP Company*[92] e da *Samsonite Blacklabel*[93] buscam a funcionalidade no ato do vestir, mas também materializam a ideia de habitar a própria roupa como se fosse um lar. A roupa se torna, assim, uma parte da rede de fluxos, tanto no que se refere à dinâmica dessa rede como na consciência de estarmos todos sujeitos a uma catástrofe iminente, ou mesmo na consciência da praticidade de viagens ecoturísticas e de aventura. A bolsa que

---

92 Disponível em www.cpcompany.com.

93 Travel wear Collection, Primavera-verão 2001. Essa coleção trazia algumas jaquetas com telefone celular acoplado; outras com tecido ultraleve contendo uma bolsa destacável nas costas, além de calças que se enrolavam, tendo assim comprimento variável (O'Mahoney & Braddock, 2002, p. 139).

se transforma em corda de alpinismo, criada pelo artista canadense Stuart Sproule (Smith & Topham, 2005, p. 28-9), também pode servir de exemplo. Além de facilitarem a fuga de prédios, outros artigos na mesma linha sugerem modos criativos de vivenciar as cidades: bolsas e calças que se transformam em balanço. Moreno Ferrari, estilista da *CP Company*, direciona suas criações para pessoas nômades, autossuficientes e refugiadas (O'Mahoney & Braddock, 2002, p. 162), ao passo que Susumu Tachi, professor da Universidade de Tóquio, cria uma roupa que serve como camuflagem (Smith & Topham, 2005, p. 66-7). Esse *wearable computer* possui uma câmera que filma aquilo que está atrás da pessoa que a veste e projeta a imagem na parte da frente da roupa. O resultado é um efeito de invisibilidade.

Gloria Coelho realiza criações nesse sentido, ao mostrar na SPFW de janeiro de 2003 vestidos luxuosos que se transformam em jaquetas, que por sua vez se transformam em bolsas-saco.[94]

Giacomo Balla buscava estabelecer melhor performance nas conversas com sua "roupa eletrizante", e viu suas ideias concretizadas nas criações de Meggan,[95] como em "Iris", um vestido que indica as horas, ou na bolsa que também muda de cor em função do atrito com o corpo. Uma forma de comunicação, já sugerida pelo artista em sua roupa que acendia lâmpadas nos "momentos mais eletrizantes da conversação" (Muller, 2000, p. 6), conforme citado anteriormente. O *wearcomp* de Luiza Paraguai, membro do grupo Nomads, USP, nos mostra como a roupa pode exacerbar sua condição de interface quando associada às tecnologias digitais. Luiza concebeu uma roupa que funciona de acordo com as pessoas que circundam o indivíduo que a veste: os aros da roupa se comportam de maneiras diversas em função daqueles que se aproximam[96].

A mesma ideia pode ser vista na criação do *wearable computer* de Adam Whiton e Yolita Nugent, dois designers norte-americanos que confeccionaram a jaqueta para mulher "no-contact". Com um circuito integrado na jaqueta e uma camada de isolamento elétrico (para impedir o choque na pessoa que a veste), essa peça dispõe de um dispositivo que gera descargas quando outras pessoas a tocam (Smith & Topham, 2005, p. 118).

---

94 Informação extraída do site www.wtennis.com.br/html/revistas/64/lilian.htm.

95 Disponível em acg.media.mit.edu/people/megan/iris/index.html.

96 Performance realizada na abertura da Exposição Cinético_digital, Itaú Cultural, 5 de julho de 2005. Curadoria de Suzette Venturelli e Monica Tavares.

Jefferson Kulig é um estilista que vem dando indícios daquilo que Stelarc havia planejado desde a década de 1970 – próteses que executassem tarefas no intuito de otimizar a performance do corpo. Trata-se de roupas que distribuem sensores em várias partes do corpo, inclusive na cabeça, para captar o barulho dos músculos em movimento e amplificá-los, no ato do desfile.[97] Além do mais, Kulig coloca de maneira notável o paradigma da superação de fronteiras, pois o interno do corpo que antes era privado passa a ser público, da mesma maneira que ocorre com as atividades em *chats* de conversação: o espaço da casa se torna público e o contexto público penetra a sua casa. Da mesma forma, Kulig expõe o interior do corpo através de estampas de músculos, tornando as entranhas visíveis e acessíveis, como se fossem oferecidas por "simples" microscópios cotidianos que desvelam intimidades como mais um elemento da arquitetura urbana. Tais imagens são reafirmadas por sons amplificados em tempo real através de uma pesquisa realizada por Kulig, e anunciando a aproximação entre estilista e cientista, mais uma vez diluindo fronteiras entre moda e ciência. Dessa maneira, no desfile de verão 2008 na São Paulo Fashion Week, Kulig expõe na passarela misturas de tecidos unidos por uma cola especial que parecem integrar a mesma parte de um todo. A indefinição dada remete-se ao híbrido manipulado em suas intimidades que não mais permite discutir suas partes separadas, mas sua totalidade em questão.[98] Esse discurso sobre a constante negociação entre as diversas fronteiras tem sido recorrente no âmbito da arte tecnológica aqui no Brasil e em muitos pontos do globo, como é o caso da exposição Skinterfaces, ocorrida em Liverpool, Inglaterra, sob a curadoria de Jens Hauser.[99]

Podemos perceber, portanto, inovações significativas na moda a partir das novas tecnologias, tanto nos tecidos que atuam como uma otimização de nossa pele como nos *wearable computers*, que libertam nosso deslocamento no mundo e nos auxiliam na execução de várias tarefas em um curto espaço de tempo. Com essas inovações, desaparece a necessidade de nos mantermos fixos para

97 Essa era a ideia inicial, mas o criador encontrou problemas técnicos para realizá-la plenamente.

98 Arantes, Priscila e Avellar, Suzana. *O corpo globalizado*. In: Fashion Theory, v. 3, n. 4. São Paulo: Ed. Anhembi-Morumbi, 2004.

99 Realizada na FACT – Foundation for Art and creative technology, 2008.

realizar determinada tarefa. Mas é interessante notar, também, que muitas das criações aqui citadas sugerem a sobreposição de diversos elementos das mais variadas culturas como num *sampling* de informações, numa verdadeira colagem digital. Nesse processo híbrido em tempo real, a possibilidade de reconhecermos a origem das ideias e, especialmente, das inúmeras inovações, passa a ser uma tarefa muitas vezes impossível ou dependente do conhecimento.

Alguns estilistas trabalham com essa hibridação digital (em que a informação se transmite pelas mídias digitais) e não se comprometem em apresentar coleções imediatamente vendáveis. Suas criações e formas de apresentação aproximam-se da arte, por sugerirem novas composições de formas, materiais e cores. Assim, muitas criações acabam sendo nem belas nem feias, mas estranhas, como veremos no próximo item.

5.3 O ciborgue e o estranho

De acordo com Lucia Santaella, o termo "ciborgue" (em inglês, *cyborg*) foi criado em 1960 por Manfred E. Clynes e Nathan S. Kline, pela justaposição de *cyb*, de *cybernethics* (cibernético) e *org*, de organismo, "para designar os sistemas homem-máquina autorregulativos, quando ambos aplicavam a teoria de controle cibernético aos problemas que as viagens espaciais impingem sobre a neurofisiologia do corpo humano" (2003, p. 185). Porém, antes mesmo da criação desse termo, um exemplo prático de ciborgue surgiu em 1953, quando uma máquina formada por um pulmão e um coração artificiais foi utilizada durante uma cirurgia, com a finalidade de controlar a circulação sanguínea de uma mulher de 18 anos.[100] Em 1948, Norbert Wiener[101] criava a noção de máquinas de informação funcionando como um sistema realimentado por dados produzidos nessas mesmas máquinas – surgia assim a ideia de *feedback*. Seus seguidores compreenderam que a cibernética poderia cada vez mais estender-se a outros âmbitos da vida, "permitindo o controle racional de corpos, máquinas, fábricas, comunidades e praticamente qualquer outra coisa".[102]

---

100 Kunzru, 2000, p. 133-9, citado em Santaella, 2004, p. 61.
101 Citado em Santaella, 2004, p. 62.
102 Kunzru, 2000, p. 137, citado em Santaella, 2004, p. 62.

A artista Orlan propôs a comprovação dessa proposta, especialmente em sua primeira exposição, "This is my body... This is my software", de 1999, em que revela seu corpo como informação que pode ser modificada (Clarke, 2000, p. 192).

Já o conceito de "biocibernético" envolve as últimas transformações provenientes da técnica, mas inclui alterações biológicas que podem acontecer através de micro e nanotecnologias. Promove no corpo algo mais que meras alterações externas – cirurgias plásticas ou intervenções para inclusão de próteses externas ou internas. As novas alterações auxiliam o funcionamento do corpo humano em um nível cada vez mais elementar e molecular (Santaella, 2003, p. 272).

Um exemplo recente de tais intervenções no corpo é a "roupa robótica" concebida por Miguel Nicolelis,[103] neurocientista brasileiro da Universidade de Duke (Carolina do Norte, EUA). Ainda em desenvolvimento, a pesquisa pretende criar uma roupa que seja comandada pelo cérebro, podendo ser utilizada por tetraplégicos. Essas peças são chamadas de *neuropróteses* e já foram testadas em macacos e humanos que conseguiram levantar braços mecânicos utilizando microeletrodos implantados no cérebro. Estes "registram os comandos neuronais produzidos durante o movimento" e recebem comandos do sistema nervoso central. Tais comandos são transformados em informações matemáticas, e estas definem os movimentos. É interessante notar que o corpo acaba por incorporar essa *neuroprótese*, o que exige treino de quem a usa. Essas próteses são voltadas a pessoas que perderam o movimento, mas mantêm a capacidade cerebral para *comandar* movimentos. A roupa serve, portanto, para traduzir comandos cerebrais presentes no sistema nervoso do indivíduo e transformá-los em movimento. Essas próteses, baseadas em pesquisas científicas avançadas, inserem inovações na vida cotidiana do ser humano e passam a fazer parte das suas atividades comuns.

Donna Haraway (2000) analisou o termo *ciborgue*, discutindo a capacidade de sobrevivência desse indivíduo em ambientes hostis e extraterrestres. A discussão sobre esse corpo maquínico integra a reflexão sobre questões como natural/artificial, mente/corpo e masculino/feminino, tudo sobre "antinomias que também davam suporte ao patriarcado (...) colocando em questão não apenas a relação do humano com a tecnologia, mas a própria ontologia do sujeito humano" (Santaella, 2004, p. 62).

---

103 Informações disponíveis no site www.jornaldaciencia.org.br/Detalhe.jsp?id=25472, acessado em 15.2.2005.

A discussão sobre o corpo híbrido, ou seja, homem–máquina, abre espaço para a ideia de Bauman (1999) sobre o "estranho",[104] que vai além das dicotomias. Essa dissolução das dicotomias também é associada por Donna Haraway ao questionamento homem/mulher, em seu "Manifesto ciborgue" (2000):

- Para Bauman: "O estranho é um membro (talvez principal, o arquetípico) da família dos indefiníveis – essas unidades desconcertantes mas ubíquas que (...) nas palavras de Derrida, 'não podem mais ser incluídas na oposição filosófica (binária), resistindo-lhe e desorganizando-a, sem jamais constituir um terceiro termo, sem sequer dar espaço para uma solução sob a forma de dialética especulativa'" (1999, p. 64). Ser amigo ou ser inimigo são duas modalidades que tornam o outro reconhecível, e não podemos mais incorporar as possibilidades dentro dessa dialética.
- Donna Haraway: "a fronteira entre o físico e o não físico é muito imprecisa para nós" (2000, p. 47); "As dicotomias entre mente e corpo, animal e humano, organismo e máquina, público e privado, natureza e cultura, homens e mulheres, primitivos e civilizados estão, todas, ideologicamente em questão" (p. 69); "As tecnologias de comunicação e as biotecnologias são ferramentas cruciais no processo de remodelação de nossos corpos" (p. 70); "A miniaturização acaba significando poder; o pequeno não é belo: tal como ocorre com os mísseis ele é, sobretudo, perigoso" (p. 48).

É, portanto, a fragilidade das fronteiras dicotômicas que nos dá a possibilidade de construir e desconstruir nossos corpos. As possibilidades associadas às novas tecnologias – biotecnologia, nanoeletrônica e nanoengenharia – favorecem nossa condição humana e dão origem a seres híbridos e mutáveis, indefiníveis dentro da dialética que vivemos até agora.

Derrick de Kerckhove[105] afirma que vivemos em paradoxo, pois esperamos indefinidamente a solução para tais antinomias, que são intensificadas pela globalização. Contradições entre o ser e o outro, entre nacionalismo e globalismo, entre democracia e Estado de controle são algumas dessas questões presentes em nosso cotidiano. Convivem com a hibridação intensa, viabilizada pelas tecnologias digitais que produzem objetos, seres, corpos e culturas dificilmente definíveis.

---

104 Já analisado no capítulo 3 deste trabalho. Reafirmo que o conceito de "estranho" está, aqui, fundamentado no discurso de Zigmunt Bauman.

105 Informações disponíveis no catálogo do evento "Hybrid – living in paradox", do Festival de Arte Eletrônica de 2005, Linz, Áustria.

O corpo híbrido integra, portanto, o orgânico e o inorgânico através de processos biotecnológicos, redesenhando nossos corpos, tornando imprecisos os limites entre homem e máquina. Como afirma Priscila Arantes (Arantes e Avellar, 2004),[106] não se trata mais de buscar tais limites em

> (...) um mundo permeado por próteses e vidas artificiais, é quase impossível identificar onde começa o humano e o não humano. Não se trata de ver um abismo ontológico entre o natural e o artificial, uma fissura entre o orgânico e o inorgânico. Não se trata de defini-los por suas partes heterogêneas, mas pela maneira como estas partes se tornam inseparáveis, como em uma fita de Moebius que se dobra sobre suas partes.

5.4 O estranho e os volumes além do corpo

> A oposição entre amigos e inimigos separa a verdade da falsidade, o bem do mal, a beleza da feiúra. Também diferencia entre o próprio e o impróprio, o certo e o errado, aquilo que é de bom gosto e o que não fica bem. Ela torna o mundo legível e, com isso, instrutivo. Ela dispersa a dúvida. (Bauman, 1999, p. 63)

Nessa indefinição proporcionada pela hibridação homem-máquina, pela disposição de todos os âmbitos da vida em dados digitais, bem como a potencialidade da manipulação da vida, vemos o surgimento de condições nada rotuláveis. As possibilidades geradas, sejam de fato ou em nossa imaginação, pela união homem-máquina propicia silhuetas peculiares, diferentes de todas as anteriormente vistas. Os corpos virtuais são imagens reproduzidas digitalmente que podem tornar-se qualquer coisa que se imagine. Além do mais, tais intervenções ou criações produzem seres que, anulando seus "defeitos", acabam por eliminar características de idade, de origem, podendo ser manipulados a ponto de também não diferenciarem homens de mulheres – ou seja, seres andróginos. Como aponta Julie Clarke (2000, p. 185), reforçando a ideia de Bauman e Haraway, "estamos vivendo numa época em que as fronteiras entre gênero, entre o *self* e a imagem, real e virtual, sintético e orgânico, inte-

106 Texto apresentado no Congresso Internacional de Semiótica, Lyon, julho de 2004.

rior e exterior, espaço público e privado, passado e futuro têm sido apagadas". O nosso corpo torna-se também uma mercadoria, um produto da indústria de consumo, de forma desesperada e até mesmo gananciosa.

"Estranho" pode tornar-se a forma mais representativa nesta discussão sobre a moda na atualidade, pois geralmente ele não representa o feio, apenas algo ainda não compreendido. É por isso que examinaremos, a seguir, a produção de estilistas que em nada se aproximam de criações de fácil leitura, digeríveis rapidamente, ou seja, definidas com a objetividade exigida pelo sistema capitalista.

Desde a década de 1980, têm surgido estilistas japoneses, belgas e holandeses que utilizam o "estranho" como o dado do "novo" para a moda. Assim como vimos na análise sobre globalização, estranho é aquilo que ainda não foi reconhecido nem como belo nem como feio, tal como o "estranho" nas guerras deste novo século – não sabemos se o indivíduo ao nosso lado é amigo ou inimigo. Essa situação é própria do processo de globalização, em virtude da sua hibridização de imagens, culturas e seres, mas não damos conta de decodificar tudo o que é produzido. Não que o "Estranho" não existisse anteriormente, mas, agora, ele se propaga de forma intensa permeando o nosso dia a dia; não aparece mais de forma isolada, ele prolifera em função das hibridações digitais.

A estética do estranho aparece primeiramente para subverter o padrão de beleza imposto pelas imagens publicitárias; em segundo lugar, ela aparece, como o trabalho da artista Orlan, na intenção de lembrar aquilo que define o humano e a sua fragilidade, pois o feio e o esquisito remetem a algo desconfortante, algo como a ideia da morte: "talvez a beleza esteja ligada à saúde, enquanto características não atraentes e não desejáveis estejam ligadas à doença" (Clarke, 2000, p. 189).

Percebe-se, hoje, uma tentativa de desconstrução do sistema da moda, ou seja, de subversão – fugir da antinomia "na moda" *versus* "fora de moda" –, no trabalho de vários estilistas espalhados pelo mundo. Alguns criadores conseguem explicitar claramente essa intenção. A ideia de criar novas formas simbólicas, "bem como de lutar para retrabalhar e voltar a moldar o significado dos signos existentes, de solapar hierarquias simbólicas existentes, para seus próprios objetivos particulares", torna difícil "ser ignorado por aqueles que se situam nos centros culturais dominantes" (Featherstone, 1997, p. 154). Assim, esses estilistas se posicionam de forma subversiva em relação à indústria da moda – o centro dominador da organização de símbolos a serem produzidos e difundidos –, colocando em questão os padrões de beleza em vigor e até mesmo a dinâmica dessa indústria.

O livro *Extreme fashion* (2005) é um manifesto exemplar desse tipo de acontecimento. Na sua introdução, seus autores, Smith e Topham, afirmam sua aversão pela indústria da moda – uma rede internacional que estabelece quem pode e quem não pode promover desfiles de Paris, Londres, Milão e Nova York. Os autores apresentam o livro como uma proposta de moda que coloca suas criações à disposição de todos. Trata-se de pessoas criativas que utilizam a moda como um meio de expressão, sem compromisso com a burocrática e seletiva instituição da "indústria da moda". Smith e Topham dizem não estar interessados na tendência da estação, mas sim no caráter comunicativo da criação sobre o corpo. Para eles, a ideia daquilo que *é in* e daquilo que *está out* é uma prepotente e arrogante invenção do Ocidente, surgida ao longo do século XIX na luta pela diferenciação das classes sociais.

Alguns outros estilistas compartilham dessas ideias, mesmo que sua produção seja ambivalente, voltada tanto para o comércio quanto para a experimentação. Além das sugestões das vanguardas históricas, especialmente na assimetria das roupas, que se realizaram nos últimos vinte anos, atualmente, muitos estilistas têm trabalhando em desfiles e coleções que provocam as sensações. Martin Margiela, Agnes B., Jum Nakao, Red or Dead, Elena Bajo, Vivienne Westwood, Miguel Adrover, Viktor & Rolf e Walter van Beirendonck são representantes desse gênero. Margiela não assina suas etiquetas e cria peças "quase únicas", representadas por uma só cor ou um só número. Além disso, não se deixa fotografar – apenas concede entrevistas por *fax* –, deslocando o foco de sua personalidade (e imagem) para a sua criação (a roupa, em si). Agnes B., por sua vez, subtrai até mesmo o sobrenome, para que se elimine qualquer particularidade e sua distinção como "gênio".

O desfile de Jum Nakao em junho de 2004 na São Paulo Fashion Week apresentou uma coleção de roupas extremamente elaboradas, como *origamis*, que eram rasgadas ao final do evento. Eram de papel e representavam a efemeridade do sistema da moda. Foi um desfile notável, de teatralidade e conceito muito bem apresentados. Depois desse desfile, Nakao deixou a

SPFW. Sua saída sugere uma exaustão do estilista em relação ao custo do evento e à obrigatoriedade de peças comerciais num espaço que permite fantasia e experimentação.

A Red or Dead trabalha contra os padrões de beleza geralmente expostos nas passarelas de moda. Recorre a modelos obesos e albinos, por exemplo. Já os desfiles de Elena Bajo[107] buscam afugentar os editores de moda, pois incluem modelos perturbadores, sob ataques histéricos, perguntando aos espectadores: "Isso o deixa pouco à vontade?". Bajo questiona, assim, os padrões de beleza exercitados pelo marketing, especialmente o de moda. Utilizando roupas de grandes marcas e subvertendo-as na passarela, Miguel Adrover vale-se do conceito construído pela grande marca e reinterpreta-o à sua maneira. É o caso do clássico impermeável Burberry, que Adrover virou do avesso (deixando o xadrez à mostra) e vestiu ao contrário (com os botões às costas), assemelhando-o a um redingote. Uma bolsa Louis Vuitton, já usada, foi recortada e recosturada como parte do corpete de um vestido. Adrover lembra, assim, as intervenções de Andy Warhol, que cortou três vestidos de alta-costura e os recosturou, embaralhando as partes.

Por fim, Viktor & Rolf anunciaram o lançamento de seu mais novo perfume – item que geralmente proporciona aos estilistas a garantia de seu sustento e de seu lucro – e fizeram uma vultosa campanha de marketing. O perfume, entretanto, não tinha fragrância alguma. Assim é o desfile final apresentado no filme *Prêt-à-porter*, de Robert Altman (1994), no qual a criadora apresenta seu desfile com as modelos todas nuas.

Ao mesmo tempo em que a indústria da moda trabalha com padrões de beleza, ela também ironiza padrões morais – habitualmente, trabalha com o erótico e o imoral, algumas vezes ligando fatores determinantes do que é masculino e do que é feminino (como faz Jean-Paul Gaultier); o brega é hoje objeto de admiração, não mais se restringindo ao limite entre bom gosto e mau gosto – visto que o brega já foi compreendido como mau gosto e agora é celebrado na passarela, difundindo elementos na moda cotidiana.

O "estranho" pode tornar-se algo normal depois de certo tempo, e pode até transformar-se em tendência, dependendo da percepção e da capacidade de influência de um estilista. Alguns desfiles conseguem apresentar o estra-

107 Duggan, 2002, p. 27.

nho de forma comercial, para que logo se torne tendência. No Brasil, temos nessa linha o bom exemplo de Alexandre Herchcovitch a partir de 2000. No exterior, temos os japoneses, que logo após sua entrada no cenário da moda ocidental – em 1980 – já influenciavam com seus volumes "estranhos" e sua modelagem inovadora; Vivienne Westwood começa a destacar-se nos anos 80, com seu desconstrutivismo, num caminho que seria seguido pelos belgas no início da década de 1990; Paco Rabanne transforma seus desfiles em performances – um dos mais interessantes realiza-se ao som da música de John Cage; Moschino e Thierry Mugler podem ser considerados os precursores dos desfiles performáticos que marcaram a década de 1980.

Assim, muitos criadores vêm trabalhando na contramão daquilo que se tem como padrão de beleza amplamente difundido. Uns concebem criações que nos perturbam – desconstroem o feitio tradicional da peça de roupa, inaugurando um novo conceito estético. Outros desconstroem questões de gênero e de formas do corpo.

Segundo o dicionário de moda da editora Thames and Hudson, o termo "desconstrucionista" surge na década de 1990 para descrever um grupo de criadores que utilizavam o acabamento aparente e cores cruas – como, por exemplo, o grupo dos Seis de Antuérpia.[108] Além do mais, os criadores considerados desconstrutivistas ou desconstrucionistas (Koch-Mertens, 2004, p. 167) trabalham em direção à ressignificação do corpo, alterando seus limites e estabelecendo constantemente novas estéticas. Desconfortam o olhar com seus desfiles performances, nos quais a percepção sofre algum tipo de deslocamento. Para Koch-Mertens, tudo aquilo que a princípio surge como estranho pode tornar-se, em algum momento, parte de nosso cotidiano.

A androginia questiona o gênero na moda, e vem ganhando destaque pela hibridização entre corpo humano e máquina. Durante o século XX a androginia esteve presente desde Amelia Bloommer (já citada no Capítulo 4). Na década de 1920, surgiu iconizada nos cabelos *à la garçonne* e nas linhas retas; na década de 1930, esteve na alfaiataria e na utilização de calças compridas por atrizes do cinema; na década de 1960, esteve no hábito cotidiano de mulheres usando calças; na década de 1970, na moda unissex e nos movimentos *gays*, tanto por parte de

108 Os seis de Antuérpia são: Walter Van Beirendonck, Ann Demeulemeester, Dries van Noten, Dirk Van Saene, Dirk Bikkembergs, Marina Yee.

homens como de mulheres, e, na década de 1980, no *power dressing* (mulheres de terno) e nos homens do *show-business* usando maquiagem.[109]

Na atualidade, a androginia vem ser reforçada pelo constante questionamento do dualismo, sobre o que é humano e o que é máquina, o que é natural e o que é artificial. Para Santaella (2003), o "Manifesto Ciborgue" de Donna Haraway vem permeado por questões sobre androginia, denunciando "a concepção ocidental de mundo, mas também o próprio feminismo, quando, mantendo-se no universo dos dualismos forjados, este glorifica o lado dos atributos do feminino nas equações opositivas entre masculino e feminino" (p. 187).

Para Goodall (2000, p. 152-3) o corpo humano é campo para uma constante negociação buscando a tomada de decisões, sempre confrontado com esta pergunta: "O que significa ser humano?". A questão ganha destaque quando se torna corrente a prática de implantação de próteses, de alteração corporal e de criação de seres virtuais, na construção e desconstrução de um corpo imaginado ou idealizado.

Esses movimentos de construção e desconstrução evocam um aspecto já destacado por Ana Méri de Carli (2002, p. 111), numa forte tendência à intensificação das sensações, através de alterações virtuais e de desfiles performáticos da moda. Nesta última, a intenção se exprime no desejo de teatralizar aquilo que se apresenta, superando padrões, a partir de criações que fogem da "roupa pronta para ser vestida", como também pela utilização de tecidos inteligentes e *wearable computers*.

Os desfiles de moda sacralizam as criações, pois a passarela é o próprio enaltecimento de imagens que foram retiradas do cotidiano, transgredidas e ressignificadas pelo estilista em seu show. No entanto, o que os estilistas desconstrutivistas e/ou performáticos fazem é trabalhar essa sacralização de forma questionadora e com certa atração pelo mutante – dado pelo feio e pelo estranho.

Rei Kawakubo, Issei Miyake, Yohji Yamamoto e Junya Watanabe são representantes da estética japonesa de alteração dos limites do corpo em padrões não tradicionais. Utilizam volumes adicionados e reposicionados ao corpo, concebidos por um admirável trabalho de modelagem e tecnologia têxtil. Já os belgas Ann Demeulemeester, Martin Margiela, Olivier Theyskens e Walter van Beirendonck representam a subversão do sistema da moda, mas também a exposição do acabamento da roupa – o que "deveria" permanecer escondido. Além do acabamen-

109 No livro *Enfeitada de sonhos* (1985), Elizabeth Wilson nos fornece uma clara evolução histórica da androginia na moda (p. 159-66).

to aparente, vale lembrar o desfile de Primavera 2000, realizado por Margiela, em um ambiente que lembrava festas, com mesas redondas. O tema foi *oversized*, resultando na perda de referência de padrões dada por várias desproporções por meio da "perspectiva rebaixada das mesas e das cadeiras onde os espectadores se colocavam, as roupas desmesuradas e os móveis em escala grande".[110] O estilista diz que sua maior inspiração sempre esteve nas mudanças que alteram o cotidiano e nas situações extremas.[111] A inglesa Vivienne Westwood também trabalha no sentido de buscar a exibição do interior do corpo com acabamentos aparentes. Mas a exposição das costuras já havia sido sugerida por Rodtchenko e Stepanova.[112] A intenção diverge um pouco no sentido de expor o interior do corpo, mas se assemelha à ideia daqueles vanguardistas quando busca ironizar ou refutar os valores burgueses cristalizados desde o início do século XX.

Em todos esses estilistas nota-se a preocupação de superar os limites naturais por meio de volumes que escapem às formas do corpo. Todos indicam, assim, a necessidade de imagens novas para que, de alguma forma, em algum momento, as mudanças dos padrões comecem a acontecer:

> Goodall afirma que o convite para especular sobre padrões de corpo é também um convite para tentar ampliar a ideia de "agenciamento humano", imaginando potencialidades da vontade humana que superam a vontade da natureza. Isso significa a possibilidade de manipular o corpo humano a partir de desejos do homem, alterando seu corpo com ferramentas especialmente criadas para isso.[113]

Rei Kawakubo, Junya Watanabe, Issey Miyake e Yohji Yamamoto são personagens fundamentais para a moda atual, no sentido de trabalharem fora dos padrões de beleza, propondo, especialmente na passarela, uma nova organização do corpo.

Com base em elementos da cultura japonesa, tais como o quimono, o origami e os trabalhadores da terra, esses estilistas dão novo significado ao corpo utilizando volumes inusitados e sobreposição de tecidos e estruturas, e seguin-

---

110 Duggan, em *Fashion Theory*, v. 1, n. 2, jun. 2002, p. 20.

111 Disponível em www.vam.ac.uk/vastatic/microsites/rad_fash/html/designers/26.html, acessado em 20.10.2008.

112 Como vimos no capítulo 4.

113 "The invitation to speculate about radically enhanced bodies is also an invitation to try to enlarge idea of human agency and to imagine the potentialities of a human will that superseded the will of nature." (Goodall, 2000, p. 149)

do uma lógica de justaposição dos moldes que escapa à feitura tradicional. Novas formas são agregadas ao corpo, fugindo de suas linhas fisiológicas, invocando próteses que acrescentem outros conteúdos a esse corpo.

Lembrando imagens de camponeses na República da Geórgia que sobrepõem muitas roupas em virtude do frio (Grand, 2000), Kawakubo destaca o volume resultante das camadas de roupas, exaltando aqueles camponeses e celebrando o cotidiano específico daquela cultura, visto através do surpreendente, fundamental na passarela. Para Grand (2000, p. 9) os diversos elementos não estão ali para "criar falsas suavidades", mas para colocar em evidência esses novos volumes como partes do corpo, como próteses que não devem ser escondidas. Assemelha-se à ideia de Baudelaire sobre a maquiagem: "a pintura do rosto não deve ser usada com a intenção vulgar, inconfessável, de imitar a bela natureza e de rivalizar com a juventude... pode, ao contrário, exibir-se, se não com afetação, ao menos com uma espécie de candura" (Baudelaire, 1996, p. 60).

Westwood pode ser considerada a precursora da tendência desconstrutivista no Ocidente, que muitos estilistas seguem na atualidade, no que diz respeito à moda. Charo Lacalle (2001, p. 254) desenvolve uma análise específica sobre a estilista britânica, mas vários de seus pontos podem ser aplicados a outros criadores, de diversos países.

A desconstrução na moda parte de um princípio fundamental: trabalhar com signos socialmente estabelecidos e colocá-los em questão, em geral, apresentando-os de forma irônica, satirizando-os ou atribuindo novos volumes ao corpo, como também intensificando elementos tais como a dor e o desconforto – seja este físico ou estético. Desconstruir significa, atualmente, romper padrões principalmente do corpo biológico e propor novas versões de um corpo aberto, híbrido, sampleado e líquido.

No caso específico de Westwood, Lacalle aponta a perversão como o fator principal de sua desconstrução, com base na utilização de signos importantes da cultura britânica, especialmente os da era vitoriana. Crinolinas e espartilhos, elementos representativos da ociosidade e da riqueza, do bem-estar de uma cultura burguesa daquele período, são convertidos em "uma *mini-crini*", assim como roupas íntimas da época são colocadas sobre vestidos nos quais também a costura fica aparente – como já observamos neste trabalho. A maquiagem exagerada se revela como uma dissimulação, com o intuito de debilitar a ideia de beleza. Sua coleção de 1983, denominada *Witches*, trazia cortes redondos, não longitudinais, seccionando o corpo em várias partes que pareciam movimentar-se de maneiras diferentes (*DeSignis*, 2001, p. 260). Assim como a artista Orlan, Westwood critica, portanto, o ideal feminino de beleza pela exposição do corpo fragmentado, seja no seu volume inusitado, seja nas vísceras aparentes.

Outros estilistas compartilham com Westwood a subversão de padrões, quando questionam o belo através do estranho, o feminino e o masculino (Saint-Laurent em 1960, Gaultier hoje), juventude e velhice, recomposição do corpo em volumes inexistentes em sua silhueta (Balenciaga na década de 1950, Rei Kawakubo, Yamamoto e Huis Clo atualmente).

No Brasil, podemos citar ainda a estética não clássica, representada por Thaís Losso e Marcelo Sommer, muito próximos daquilo que Pedro Almodóvar trabalha em seus filmes.

Walter van Beirendonck constitui um dos melhores exemplos nesse sentido, uma vez que seu trabalho insiste no questionamento dos padrões de beleza dados pela indústria da moda e pela determinação dos gêneros. Nesse sentido, Beirendonck coloca em questão os padrões de beleza referentes ao belo clássico, transformando os corpos através de peles sintéticas, por meio de aparatos de cabeça que lembram um móbile de Alexander Calder com referências totêmicas, gerando adereços que constituem algo como capacetes feitos para permear o espaço virtual. Um híbrido de valores que seriam considerados descontínuos pelo pensamento linear, mas que se colocam sampleados pela lógica da rede digital. Novos seres emergem de tais valores através de tricôs e tecidos que cobrem o corpo, nos desconfortando em nossas esperanças de um ser definido. Bem como coloca Winston Manrique Sabogal[114], o belo clássico tornou-se banal e aquilo que escapa dessa dicotomia torna-se muito mais interessante, repleto de novas possibilidades e que muitas vezes desperta o riso – uma catarse de nossas estruturas dicotômicas que parecem tão superadas por uma vida que nós mesmos construímos e aceitamos. O belga chegou a realizar um desfile inspirado nos trabalhos de Orlan onde as

114 El esplendor de la fealdade. In: El País, 5-1-2008, Ano XXXIII, número 11.163, edição Europa. Pág. 12.

modelos traziam alterações corporais, especialmente faciais, de acordo com os questionamentos propostos pelo artista. Alguns rostos seriam dados como imperfeitos, e havia erros na colocação de próteses. Esse foi o seu desfile Verão 1999, registrado no livro *Corpos mutantes*.[115] Numa publicação de 2001, chamada *Mutilate*[116], a coleção de Beirendonck dizia respeito a todos os dados utilizados pela indústria da moda, mas de maneira estranha e explícita. Temas como "sem referência", "gênero" e "mutante" foram abordados. Imagens dele mesmo como um ser mutante, um homem-camaleão, foram realizadas mediante tecnologia digital. Assim como Orlan (Clarke, 2000, p. 188), esse estilista utiliza manipulações digitais, definindo novas imagens.

Na coleção de primavera-verão 2007, nomeada "One hundred and eleven", Hussein Chalayan coloca a tecnologia digital notoriamente remetendo-se à hibridação possível em tempo real. A passagem de um *look* de silhueta da década de 1920 para uma de 1960 em poucos segundos, sobre o mesmo corpo, com os mesmos materiais, narrava a lógica de nossa percepção acostumada a passar de um assunto ao outro através do hipertexto, de caminhos não lineares.

É interessante notar que muitos desses criadores de moda propõem novas formas de corpo, considerando que os padrões de beleza não são mais suficientes para o mundo atual. Buscando dar conta das inúmeras tarefas que exercemos hoje, imersos nas possibilidades diversas de relacionamentos, especialmente os que resultam da cibercultura, esses criadores lançam-se à tentativa de diversificação de padrões. Requeremos aparatos que nos permitam atuar neste mundo, reconhecendo que este corpo "natural" é obsoleto, como vem anunciando o artista Stelarc (Farnell, citado em Featherstone, 2000, p. 129). Essa afirmação pode referir-se aos aparatos mecânicos, eletrônicos e digitais, mas também às inovações biológicas atuais.

Uma mulher que se submete a uma intervenção cirúrgica para implantação de prótese de silicone – função estética – reconhece seu corpo como obsoleto, em algum sentido. Seu corpo é encarado como deficiente, sujeito a próteses, e em certa perspectiva equipara-se ao do chamado "deficiente físico". Logo, todos os corpos são deficientes e requerem algum tipo de intervenção. Cabe

115 Disponível em www.waltervanbeirendonck.com/HTML/publications.html#books.
116 Disponível em www.waltervanbeirendonck.com/HTML/publications.html#books.

aqui destacar novamente o trabalho de Fátima Grave (2004), que desenvolveu uma técnica avançada de modelagem para deficientes físicos. Além de se dedicar a uma ação de inclusão social, Grave legitima esse indivíduo e expõe seu corpo na passarela ao apresentar modelos com pernas mecânicas e em cadeiras de roda. Dessa forma, existe uma aproximação entre Grave e Beirondonck na descaracterização dos corpos entendidos como biológicos. Podemos dizer que Alexander McQueen contribuiu nesse sentido quando apresentou em sua coleção Primavera 1999 uma modelo que havia tido as pernas amputadas, desfilando na passarela com próteses fornecidas pelo estilista (Duggan, 2002). O trabalho de Fátima Grave, como vimos, segue na mesma linha: apresenta desfiles com deficientes físicos, cujas roupas foram especialmente confeccionadas para cada um deles. A exigência de uma lógica particular na construção da roupa mostrou, nesse caso, a união necessária entre moda e medicina.

Por sua vez, Orlan propõe questionar os padrões de beleza que nos são impostos pela cultura do consumo. A artista considera seu trabalho profano por contrariar o ideal de salvação através do sofrimento, presente em várias religiões. Utiliza símbolos da tradição judaico-cristã com o intuito de falar sobre a fragmentação do corpo, posicionando-o como sacrificado. O corpo deve ser sacrificado para transcender, assim como sugerem essas religiões (Clarke, 2000, p. 191). A exposição da carne, do sangue e das vísceras também remete ao que há de mais terreno e humano: *My work is a struggle against: the innate, the inexorable, the programmed, Nature, DNA (which is our direct rival as... artists of representation), and God! My work is blasphemous* (Orlan, in Goodall, 2000, p. 152).[117] Orlan questiona a produção dessas imagens que são artigos de consumo, mostrando com seu trabalho que tanto o belo quanto o horrível são ambos reduzidos a "pura superfície através de imagem tecnológica" (Clarke, 2000, p. 188). A artista não se posiciona contra o belo, mas contra os padrões de beleza, contra a ditadura da ideologia dominante que se imprime cada vez mais sobre o feminino e o masculino.

A marca londrina *Red or Dead* é uma das que seguem a linha de Orlan. Buscando criticar os padrões de beleza e o sistema da moda, que tantas vezes se torna massacrante, seus estilistas utilizaram modelos obesos, anões e albinos em seu desfile Outono 1999 (Duggan, 2002, p. 27). O mais obeso dos modelos arrancava

117 Orlan diz que seu trabalho é uma luta contra aquilo que é inato, inflexível e programado, contra a natureza e contra o DNA, pois são elementos permanentes.

a camisa, para que o público lesse a palavra "único" tatuada em seu peito.

A coleção Primavera-Verão 2001 de Michiko Koshino apresenta uma imagem que anula as formas do corpo e cobre os cabelos,[118] chamando a atenção para o fato de que a imagem pertence a uma coleção andrógina e funcional. Mas vale lembrar que, mesmo assim, a modelagem é diferenciada para homens e mulheres.

Alguns estilistas belgas também se valem dessa característica, sugerindo uma nova significação para a questão dos gêneros. Jefferson Kullig terminou seu desfile no São Paulo Fashion Week de janeiro de 2005 com duas mulheres, como se estas fossem clonadas uma de outra, fruto de uma manipulação genética. Com silhuetas retas, quase assexuadas, traziam tiras de tecido – quase ataduras, sem cor – cobrindo apenas os "órgãos genitais". Anulavam-se, dessa maneira, as formas que poderiam garantir a ideia de feminino, e eliminavam-se as cores, que intensificariam as curvas e as diferenças.

Outros estilistas presentes nesse evento utilizaram maquiagens que apagavam a cor da pele e atenuavam as linhas da boca, dos olhos e das sobrancelhas. Lino Villaventura coloriu apenas os olhos das modelos com lentes caramelo, na edição de janeiro de 2004 da São Paulo Fashion Week. Já em sua coleção Verão 2008, o tema nitidamente refere-se a seres robotizados. Em uma construção de linhas coloridas, sobreposição de tecidos, moulagem que constrói o corpo pedaço por pedaço, que algumas vezes foge dos limites do corpo biológico, Villaventura remete-se ao mundo das manipulações da vida com o primor de um trabalho que ganha vida através das mãos e da genialidade de um Criador. Estabelece-se, também, a semelhança entre gêneros dada pelas bocas marcadas, adereços, pelas cores que dominam de forma quase plena a superfície desses corpos híbridos tratados com fibra ótica, que emitem luz ao longo de sua celebração. Interessante notar nesse criador é que mesmo com a utilização de artefatos não objetivamente "tecnológicos", os paradigmas aí se apresentam e tornam a sua relevância notável para a mudança de nossos padrões muitas vezes ordinariamente estereotipados. A separação entre homem e mulher ainda existe, mas as questões vão além do enlace das categorias, algo já anunciado há trinta anos pelo *glam rock*.

A tribo urbana do *glam rock*, representada por David Bowie na década de 1970, pode ser considerada a precursora dessa vertente, contribuindo para aquilo que foi chamado de "moda unissex". O *glam rock* foi mais além, atri-

---

118 Do site www.widemedia.com/fashionuk/fashion/catwalk-archive/lfw-aw00/mk_pics.html.

buindo aos homens características femininas e vice-versa, e contribuiu para o questionamento dos fatores determinantes do que é masculino e feminino.

Para Clarke (2000, p. 191), as imagens manipuladas digitalmente se aproximam daquilo que chamamos de imortalidade por anularem os sinais do envelhecimento, mas a exposição do sangue e do interior da carne humana traz de volta a iminência da morte e a verdadeira condição humana – o medo. As intervenções tecnológicas tornam-se, assim, uma esperança para o problema fundamental do ser humano: o seu fim. Tanto os efeitos estéticos de uma cirurgia plástica, como os que resultam de implantes de máquinas no interior do corpo (microchips, pontes de safena e próteses de osso, por exemplo), como também os efeitos fornecidos por um *wearcomp* ou por um tecido tecnológico podem significar uma maior garantia de sobrevivência por melhorarem o desempenho do corpo humano, presente na ideia dos ciborgues.

Essas novas criações se caracterizam como estranhas por serem fruto de uma hibridação digital – tanto na sua confecção, no fato de constituírem um produto híbrido homem-máquina, quanto no processo ao qual estão associadas, de pesquisa por imagens. O surgimento de seres andróginos nos coloca numa posição de indeterminação, pois eles questionam aquilo que conhecíamos, até então, como humano. Dá-se aí uma proliferação de inovações e imagens, e não temos referências anteriores para compreendê-las em seu todo.

Considerações Finais

A oscilação da moda, entre consumo e arte, norteou este trabalho. Não buscamos constatar se moda é arte ou não, mas demonstrar como ela se apresenta nesse movimento pendular.

Vimos, inicialmente, que o termo "moda" diz respeito à difusão de um elemento a partir de seu caráter inicial de "novidade" (Capítulo 1). Essa dinâmica foi apropriada pela indústria da moda a partir do século XIX, estabelecendo hierarquias de criação e de consumo na sociedade que se reestruturava na época. E essa indústria sofreu muitas alterações ao longo do tempo: hoje, constitui um setor altamente profissionalizado e de cunho global, extremamente diverso do que foi até 1960 (Capítulo 2).

Enquanto o processo de globalização intensifica a cultura do consumo, a criação de moda se vê cada vez mais controlada pelos grandes grupos financeiros, que previsivelmente exigem um rápido retorno do capital investido (Capítulo 3).

Muitos criadores não dispõem mais da liberdade de explorar suas ideias sobre o corpo, apresentando-as de maneira "não funcional", ou seja, mais experimental. Diminui, portanto, a teatralidade nos grandes espetáculos de moda. Alguns poucos conseguem conciliar importantes mudanças estéticas com a rápida absorção pelo mercado consumidor – no Brasil, Alexandre Herchcovitch e Ronaldo Fraga são exemplares nesse aspecto.

Com a nova configuração econômica mundial, vêm completar esse cenário as negociações sobre matéria-prima e produtos têxteis, sobre importação e exportação, agora mediadas por órgãos de controle internacionais, especialmente a OMC.

Para Entwistle (2000, p. 223-4), os criadores estão hoje submetidos ao escopo econômico dos conglomerados multimilionários que operam em escala mundial, que os obrigam a produzir coleções populares e de fácil tradução. Um dos primeiros exemplos dessa nova ordem consistiu no Acordo da Indústria da Alta Moda (High Fashion Industry Accord), firmado em 1971, na Itália. Esse acordo não passa de uma aliança entre marcas de moda, produtores de tecido, confeccionistas da indústria de massa e financiadores, garantindo subsídios a costureiros italianos, caso eles criem modelos de fácil reprodução no mercado de massa.

Também merece destaque o exemplo da criadora Stella McCartney,[119] que se associou ao grupo Gucci e, depois de um período em que gozou de expressiva liberdade de criação, foi obrigada a oferecer "retorno financeiro no prazo de dois anos" – caso contrário, seria afastada do grupo. Problema semelhante enfrentou o brasileiro Ocimar Versolato. Em seu acordo com um poderoso financiador, este exigia que a marca alcançasse um alto índice de vendas no espaço de um ano. Ora, sabemos que uma marca não se constrói nesse curto período, se ela espera propor algo significativo e diferenciado, à frente de seu tempo. Percebe-se que a moda deve ser "inovadora, mas não muito", ou seja, jamais deve ultrapassar o limite além do qual não se garanta o retorno financeiro rápido.

Mas esse impasse é previsível. A partir do momento em que a moda é incorporada pela indústria, ainda no século XIX, ela passa a obrigar-se à lógica da difusão e do lucro. As novas coleções são previsivelmente expostas em intervalos de seis meses, e essa regularidade em grande medida iguala os principais desfiles internacionais, que se tornam, a cada edição, mais "digeríveis" – isto é, prontos para o consumo. Vale lembrar que esses desfiles estão se multiplicando e distribuindo geograficamente, o que exige a presença quase simultânea dos profissionais da informação e da própria indústria em vários lugares – tarefa de realização praticamente impossível.

O que esperamos ver num futuro próximo é a realização de desfiles digitais, livrando do deslocamento físico aqueles que desejam e necessitam acompanhá-los. Obviamente, os desfiles "tradicionais" não deixarão de existir por completo, pois 'estar presente' – com todo o ritual associado a essa presença, ou seja, receber convites, ver e ser visto – tem uma significação importante, associada a fama, reconhecimento e participação na indústria da moda. A elite internacional da moda está presente nos desfiles, confirmando sua atuação hierárquica no setor.

No que diz respeito à criação mais experimental, as vanguardas históricas muito contribuíram para a aproximação entre arte e moda no século XX. Suas propostas introduziram elementos relevantes na moda do dia a dia, ainda que isso tenha ocorrido ao longo de todo o século. Além da funcionalidade, a ironia e a tecnologia foram concretizadas na moda, especialmente a partir da década de 1980 (como vimos nos Capítulos 4 e 5).

É nessa nova fase que surgem os tecidos inteligentes e os *wearable computers*, proporcionando ao indivíduo um movimento mais livre, tanto nos centros ur-

119 Documentário "Stella McCartney", exibido pelo canal televisivo GNT em 9.3.2005.

banos como em ambientes antes não muito propícios à sobrevivência. Afirma-se, assim, o corpo globalizado, desterritorializado e ubíquo, que hoje se exprime muito além de sua presença física. As sugestões das vanguardas materializam-se hoje nas roupas que possibilitam a livre circulação de forma prática – como o macacão produtivista de Rodtchenko – e naquelas que reagem de acordo com as emoções do indivíduo. Todas compartilham da ideia de corpo cibernético, que busca garantir sua relação com o outro e com o seu meio através das tecnologias digitais. A roupa passa a constituir uma forma de otimizar a sobrevivência.

A experimentação se mantém, obviamente, na criação de moda, como um fator fundamental para gerar o "novo" – ainda que este quase não surja nas coleções de cunho mais comercial. Como o próprio termo sugere, o "experimental" está cada vez menos associado ao sistema da indústria da moda, por não prever um retorno financeiro num período determinado. Alguns profissionais da moda se excluem dessa indústria, no intuito de garantir a livre criação. Podem até mesmo trabalhar para a indústria, embora seu objetivo fundamental seja a obtenção de capital para financiar sua criação, alheios às regras e às exigências de mercado.

Longe da indústria, a possibilidade de trabalhar com criações peculiares, a partir de elementos quaisquer, se vê intensificada. Na medida em que os elementos para a criação estão disponíveis em formato digital, as associações e as construções de novas imagens são infindáveis, a ponto de dificultar a identificação e a organização dessas novas produções. Como afirmam autores como Bauman, Kerchove e Haraway, vemos o surgimento de elementos muitas vezes não decodificáveis. Não temos conhecimento de seu passado nem de seu futuro. Caracterizam-se como estranhos, ou seja, deixam clara a nossa incapacidade de ajustá-los às dicotomias habituais.

Para Haraway, o novo corpo híbrido do ciborgue vai além das configurações binárias, especialmente no que se refere ao gênero: nem masculino nem feminino. Este é um ser que se vale das tecnologias e não necessita da família tradicional – pai e mãe – para ser gerado.

O estranho vigora na criação de moda, pois não damos conta de identificar toda a produção contemporânea que, livre das exigências de mercado, permeia o nosso cotidiano. Isso não significa a inexistência anterior desse "estranho", mas a sua proliferação em nossos dias, com sua presença intensa e perturbadora – que se reproduz constantemente e chega até nós através das mídias digitais.

Os japoneses – Rei Kawakubo, Issey Miyake e Yohji Yamamoto – fazem parte do mercado de moda há mais de vinte anos por suas trajetórias coerentes, mas também por terem surgido num período em que os desfiles eram verdadeiros espetáculos. Suas criações na passarela, entretanto, já estão mais contidas, e o mesmo vem ocorrendo com o inglês John Galliano – sempre uma referência ocidental do exagero e do estranho. Galliano tem oscilado entre desfiles ora mais comerciais, ora mais próximos de um trabalho de arte. Os belgas se destacam a partir da década de 1990, com ênfase nas silhuetas andróginas e estranhas, contrárias à identificação de gênero. Atualmente, vêm trabalhando com linhas simples – menos exageradas, em comparação com as criações da década anterior – e com muita ironia.

Independentemente de sua origem ou filiação, muitos desses criadores após certo tempo, passam a ser copiados pela indústria da moda, obviamente em versões traduzidas – ou atenuadas – que facilitem sua compreensão.

A moda oscila, portanto, entre consumo e arte. Ela tem que passar pela experimentação de formas, de materiais, de referências e cores, num processo de estudo que sustente e viabilize a criação. Mas ela não pode ser exclusivamente experimental, pois nunca se sabe quando o novo se tornará moda – se é que chegará a difundir-se. Entretanto, a moda não pode se contentar com a insignificância. Sua função é, primordialmente, alterar regras, quebrar padrões e estabelecer o "novo", para que este afinal seja – talvez – difundido.

Vale lembrar uma importante afirmação de Philadelpho Menezes a esse respeito:

> A moda na sociedade de consumo se situa dentro deste antagonismo: enquanto expressão da novidade tecnológica industrial, enquanto dado cultural difundido em todos os níveis sociais, deve ser considerada positivamente – ela é o início do futuro; enquanto produto real, enquanto mercadoria que porta modelos vinculados ao gosto mediano e tradicional, deve ser tido como elemento negativo a ser substituído por um outro adaptado ao novo mundo – aqui a moda é a expressão dos resquícios do velho. (2001, p. 120)

Bibliografia

ABBAGNANO, N. *Dicionário de filosofia*. São Paulo: Martins Fontes, 2003.

ALLÉRÈS, D. *Luxo...*: estratégias/marketing. Rio de Janeiro: Ed. FGV, 2000.

ARANTES, P. *Arte e mídia no Brasil*: por uma estética em tempo digital. Tese (Doutorado em Comunicação e Semiótica) – São Paulo, PUC/SP, 2003.

ARANTES, P. e AVELLAR, S. O corpo globalizado: das vanguardas do do início do século XX aos wearable computers. In: *Fashion Theory*, v. 3, n. 4. São Paulo: Ed. Anhembi-Morumbi, 2004. p. 129-142.

ASH, J.; WILSON, E. (Org.) *Chic thrills – a fashion reader*. London: Pandora, 1992.

BARBOSA, L. *Sociedade de consumo*. Rio de Janeiro: Jorge Zahar, 2004.

BARNARD, M. *Moda e comunicação*. Rio de Janeiro: Rocco, 2003.

BAUDOT, F. *A moda do século*. São Paulo: Cosac & Naify, 2002.

BAUDELAIRE, Ch. *Sobre a modernidade*. São Paulo: Paz e Terra, 1996.

BAUDRILLARD, J. *A sociedade de consumo*. Lisboa: Edições 70, 1975.

BAUMAN, Z. *Modernidade e ambivalência*. Rio de Janeiro: Jorge Zahar, 1999.

_______. *Modernidade líquida*. Rio de Janeiro: Jorge Zahar, 2001.

BÉNAÏM, L. *Issey Miyake*. São Paulo: Cosac & Naify, 1999.

BERGÉ, P. *Ives Saint Laurent*. São Paulo: Cosac & Naify, 1999.

BLUMMER, H. Fashion: from class differentiation to collective selection. In: *Sociological Quaterly*, n. 10, 1969, p. 275-91.

BOUCHER, F. *A History of Costume in the West*. London: Thames & Hudson, 1996.

BOURDIEU, P. *Distinction*: a social critique of the judgement of taste. Cambridge: Harvard University Press, 1984.

BRAGA NETO, J. B. *Da lei dos contrastes simultâneos*: de Michel-Eugene Chevreul às criações de Sonia Delaunay em arte e moda. Dissertação (Mestrado em História da Ciência) – São Paulo, PUC/SP, 2002.

BRANDSTÄTTER, C. *Klimt e a moda*. São Paulo: Cosac & Naify, 2000.

CALDAS, D. *Observatório de sinais*. Rio de Janeiro: Senac, 2004.

CALLAN, G. O'H. *Fashion and fashion designers*. London: Thames & Hudson, 1998.

CANCLINI, N. G. *Culturas híbridas*. São Paulo: Edusp, 2003.

CASTELLS, M. *A sociedade em rede*. v.1. São Paulo: Paz e Terra, 1999.

CASTILHO, K.; GALVÃO, D. (Org.) *A moda do corpo o corpo da moda*. São Paulo: Esfera, 2002.

CASTILHO, K. Do corpo à moda: exercícios de uma prática estética. In: CASTILHO, K.; GALVÃO, D. (Org.) *A moda do corpo o corpo da moda*. São Paulo: Esfera, 2002. p. 59-72.

CLARKE, J. The sacrificial body of Orlan. In: FEATHERSTONE, M. (Org.) *Body modification*. London: Sage Publ., 2000. p. 185-207.

CLARK, J. Looking forward historical futurism. In: WILCOX, C (Org.) *Radical fashion*. London: V&A, 2003. p.8-17.

DE CARLI, A. M. S. *O sensacional da moda*. Caxias do Sul: Educs, 2002.

DELEUZE, G. *Conversações*. Rio de Janeiro: Ed. 34 Letras, 1992.

DELPIERRE, M. *Le costume – la haute couture 1945-1995*. Paris: Flammarion, 1997.

DICIONÁRIO HOUAISS da Língua Portuguesa. Rio de Janeiro: Objetiva, 2001.

DUGGAN, G. G. O maior espetáculo da terra: os desfiles de moda contemporâneos e sua relação com a arte performática. *Fashion Theory*, v. 1, n. 2, p. 3-30, 2002.

ENTWISTLE, J. *The fashioned body*. Cambridge: Polity Press, 2000.

FEATHERSTONE, M. (Org.) *Body modification*. London: Sage Publ., 2000.

_______. *O desmanche da cultura*. São Paulo: Nobel, 1997.

_______. (Org.) *Cultura global – nacionalismo, globalização e modernidade*. Petrópolis: Vozes, 1999.

_______. Cultura global: introdução. In: FEATHERSTONE, M. (Org.) *Cultura global – nacionalismo, globalização e modernidade*. Petrópolis: Vozes, 1999. p. 7-21.

_______. The body in consumer culture. In: FEATHERSTONE, HEPWORTH & TURNER (Org.) *The body*: social process and cultural theory. London: Sage Publ., 1999. p. 170-96.

FEATHERSTONE, M.; HEPWORTH, M.; TURNER, B. (Org.) *The body*: social process and cultural theory. London: Sage Publ., 1999.

FLÜGEL, J. C. *A psicologia das roupas*. São Paulo: Mestre Jou, 1966.

FREYRE, G. *Modos de homem, modas de mulher*. Rio de Janeiro: Record, 1986.

FRIEDMAN, J. Ser no mundo: globalização e localização. In: FEATHERSTONE, M. (Org.) *Cultura global – nacionalismo, globalização e modernidade*. Petrópolis: Vozes, 1999. p. 329-48.

FRINGS, G. S. *Fashion – from concept to consumer*. New Jersey: Prentice Hall, 1999.

FRIEDMAN, J. Ser no mundo: globalização e localização. In: FEATHERSTONE, M. (Org.) *Cultura global – nacionalismo, globalização e modernidade*. Petrópolis: Vozes, 1999. p. 329-48.

FUKAI, A.; SUOH, T.; IWAGAMI, M.; KOGA, R.; NIE, R. (Org.) *La Colección del Instituto de la Indumentaria de Kioto*: Moda, una historia desde el siglo XVIII al siglo XX. Colonia: Taschen, 2003.

GIDDENS, A. *As conseqüências da modernidade*. São Paulo: Ed. Unesp, 1991.

GOODALL, J. An order of pure decision: un-natural selection in the work of Stelarc and Orlan. In: FEATHERSTONE, M. (Org.) *Body modification*. London: Sage Publ., 2000. p. 149-70.

GRAND, F. *Comme des garçons*. São Paulo: Cosac & Naify, 2000.

GRAU, F.-M. *La haute couture*. Paris: Presses Universitaires de France, 2000.

GRAVE, M. de F. *A modelagem sob a ótica da ergonomia*. São Paulo: Zennex, 2004.

HALL, S. *A identidade cultural na pós-modernidade*. Rio de Janeiro: DP&A, 2005.

HANNERZ, U. Cosmopolitas e locais na cultura global. In: FEATHERSTONE, M. (Org.) *Cultura global*. Petrópolis: Vozes, 1990. p. 251-66.

HARAWAY, D.; KUNZRU, H.; SILVA, T. T. da. (Org.) *Antropologia do ciborgue*. Belo Horizonte: Autêntica, 2000.

HARAWAY, D. Manifesto ciborgue: ciência, tecnologia e feminismo-socialista no final do século XX. In: HARAWAY, D.; KUNZRU, H.; SILVA, T. T. da. (Org.) *Antropologia do ciborgue*. Belo Horizonte: Autêntica, 2000. p. 37-129.

HARTSHORN, W.; FORESTA, M. *Man Ray in fashion*. New York: International Center of Photography, 1990.

HOBSBAWM, E. J. *A era do capital*. Rio de Janeiro: Paz e Terra, 1977.

HOLLANDER, A. *O sexo e as roupas – a evolução do traje moderno*. Rio de Janeiro: Rocco, 1996.

JAMESON, F. *Pós-modernismo – a lógica cultural do capitalismo tardio*. São Paulo: Ática, 1997.

JONES, T.; MAIR, A. (Org.) *Fashion Now*. Cologne: Taschen, 2003.

KAHANE, M.; BARRAL, A. L. *1909-1929 – Les Ballets Russes à l'Opéra*. Paris: Bibliothèque Nationale/Louis Vuitton, 1992.

KOCH-MERTENS, W. La mode et son extension. In: PANTELLINI, C.; STAHLER, P. (Org.) *Body extensions – art, photography, film, comic, fashion*. Zürich: Arnoldsche, 2004. p. 167-75.

KUNZRU, H. Genealogia do ciborgue. In: HARAWAY, D.; KUNZRU, H.; SILVA, T. T. da. (Org.) *Antropologia do ciborgue*. Belo Horizonte: Autêntica, 2000. p. 131-9.

LACALLE, C. Desconstruir la moda. El universo significativo de Vivienne Westwood. In: *DeSignis 1*: La Moda – Representaciones e identidad, out. 2001, p. 253-63.

LAVER, J. *A roupa e a moda*. São Paulo: Companhia das Letras, 1989.

LEOPOLD, E. The manufacture of the fashion system. In: ASH, J.; WILSON, E. (Org.) *Chic thrills*: a fashion reader. London: Pandora, 1992. p. 101-17.

LIMA, L. C. (Org.) *Teoria da cultura de massa*. Rio de Janeiro: Paz e Terra, 1982.

LIPOVETSKY, G. *O império do efêmero*. São Paulo: Companhia das Letras, 1989.

_______. *Le luxe éternel*. Paris: Gallimard, 2003.

MAFFESOLI, M. *O tempo das tribos*. Rio de janeiro: Forense Universitária, 1998, 2ª ed.

MADSEN, Axel. Coco Chanel. São Paulo: Martins Fontes, 1992.

MCLUHAN, M. Os meios de comunicação como extensões do homem [*Understanding media*]. São Paulo: Cultrix, 1964.

MENDES, V.; HAYE, A. de la. *20th Century Fashion*. London: Thames & Hudson, 1999.

MENEZES, Ph. Turismo e milenarismo. In: _______. (Org.) *Signos plurais*. São Paulo: Experimento, 1997.

________. Ph. *A crise do passado*, 2.ed. São Paulo: Experimento, 2001.

MENTGES, G. Cold, coldness, coolness: observações entre traje, corpo e tecnologias. *Fashion Theory*, v. 1, n. 1, mar. 2002. São Paulo: Ed. Anhembi-Morumbi, 2002.

MORANO, E. *Sonia Delaunay*: art into fashion. New York: George Braziller, 1986.

MÜLLER, F. *Arte e moda*. São Paulo: Cosac & Naify, 2000.

NACIF, M. C. V. *A moda no Brasil e os modelos estrangeiros*: a influência do cinema de Hollywood no comportamento feminino dos anos 30-40. In: CASTILHO, K.; GALVÃO, D. (Org.) *A moda do corpo o corpo da moda*. São Paulo: Esfera, 2002. p. 35-47.

NEGRI, A.; HARDT, M. *Império*. Rio de Janeiro: Record, 2001.

NEIVA, E. Crítica à ilusão antropológica: teoria da cultura diante do fenômeno de globalização. In: MENEZES, Ph. (Org.) *Signos plurais*. São Paulo: Experimento, 1997. p. 133-63.

NUNES, B. *Introdução à filosofia da arte*. São Paulo: Ática, 2003.

O'HARA, G. *The Thames and Hudson Dictionary of Fashion and Fashion Designers*. London: Thames & Hudson, 1998.

O'MAHONEY, M.; BRADDOCK, S. *Sportstech – Revolutionary Fabrics, Fashion and Design*. London: Thames & Hudson, 2002.

ORLAN. Conference. In: *This is my body: this is my software*. London: Black Dog, 1996. p. 81-93.

ORTIZ, R. *Mundialização e cultura*. São Paulo: Brasiliense, 1994.

_______. *Pierre Bourdieu*. São Paulo: Ática, 1994.

PADOVANO, S. Moda é design? In: *ABC Design*. São Paulo: in-Folio. n. 10, nov. 2004. p. 23-5.

PANTELLINI, C.; STAHLER, P. (Org.) *Body extensions – art, photography, film, comic, fashion*. Zürich: Arnoldsche, 2004.

PIERUCCI, F. *Ciladas da diferença*. São Paulo: Ed. 34, 1999.

POLHEMUS, T. *Street style*: from sidewalk to catwalk. London: Thames & Hudson, 1994.

_______. *Style surfing*. London: Thames & Hudson, 1996.

PRADO, José L. A.. *Lugar global e lugar nenhum*. São Paulo: Hacker Editores, 2001.

_______________. *Brecha na comunicação*: Habermas, o outro, Lacan. São Paulo: Hacker Editores, 1996.

RAINHO, M. do C. T. *A cidade e a moda*. Brasília: Ed. UnB, 2002.

SANT'ANNA, D. *Políticas do corpo*. São Paulo: Estação Liberdade, 1995.

SANTAELLA, L. *Corpo e comunicação*. São Paulo: Paulus, 2004.

_______. *Culturas e artes do pós-humano – da cultura das mídias à cibercultura*. São Paulo: Paulus, 2003.

SEMPRINI, A. *Multiculturalismo*. Bauru: Edusc, 1999.

SIMMEN, J.; KOHLHOFF, K. *Kazimir Malevitch*. Köln: Könemann, 1999.

SIMMEL, G. Fashion. In: LEVINE, D. N. (Org.) *Georg Simmel – on individuality and social forms*. Chicago: The University of Chicago Press, 1971. p. 294-323.

SMITH, C.; TOPHAM, S. *Extreme fashion*. Munich: Prestel, 2005.

SOUZA, G. de M. e. *O espírito das roupas*. São Paulo: Companhia das Letras, 1987.

STELARC. Parasite visions: alternate, intimate and involuntary experiences. In: FEATHERSTONE, M. (Org.) *Body modification*. London: Sage Publ., 2000. p. 117-27.

TOUSSAINT-SAMSON, A. *A Parisian in Brazil*: the travel account of a Frenchwoman in nineteenth-century Rio de Janeiro. (Edited by June Hahner.) Wilmington: Scholarly Resources, 2001.

TROY, N. *The couture culture*: a study in modern art and fashion. London: The MIT Press, 2003.

TURNER, B. S. Recent developments in the theory of the body. In: FEATHERSTONE, HEPWORTH & TURNER (Org.) *The body*: social process and cultural theory. London: Sage Publ., 1999. p. 1-35.

VEBLEN, T. *The theory of the leisure class*. New York: Mentor Books, 1960.

VEILLON, D. *Moda e guerra*. Rio de Janeiro: Jorge Zahar, 2004.

VILLAÇA, N. Alta, média e baixa costura: moda e semiologia cultural. In: CASTILHO & GALVÃO (Org.) *A moda do corpo o corpo da moda*. São Paulo: Esfera, 2002. p. 91-103.

_______. *Em nome do corpo*. Rio de Janeiro: Rocco, 1998.

VINCENT-RICARD, F. *As espirais da moda*. Rio de Janeiro: Paz e Terra, 1989.

VÖLKER, A. *Textiles of the Wiener Werkstätte*. London: Thames & Hudson, 2004.

WIENER, N. *Cibernética e sociedade*. São Paulo: Cultrix, 1954.

WILSON, E. *Enfeitada de sonhos – moda e modernidade*. Lisboa: Ed. 70, 1985.

_______. Fashion and the postmodern body. In: ASH, J.; WILSON, E. (Org.) *Chic thrills – a fashion reader*. London: Pandora, 1992. p. 3-16.

ZIZEK, S. *Bem-vindo ao deserto do real*. São Paulo: Boitempo, 2002.

_______. *Looking awry*. Boston: MIT Press, 1991.

Catálogos

Catálogo Benetton, coleção Primavera-Verão 1999.

Catálogo da exposição *Europe 1910-1939*: quand l'art habillait le vêtement. Paris: Paris Musées, 1997.

Catálogo da exposição *Extreme Beauty*: the body transformed. 2.ed. (Org. Harold Koda.) New York: The Metropolitan Museum of Art, 2003.

Catálogo da exposição *Man Ray / Bazaar Years*: a fashion retrospective. New York: International Center of Photography, 1990.

Catálogo da exposição *Elsa Schiaparelli*. Paris: Musée de la Mode et du Textile, 2004.

Catálogo da exposição *Radical Fashion*. (Org. Claire Wilcox.) London: V&A Publ., 2003.

Programa da peça teatral *Chanel*, de Maria Adelaide Amaral (exibida no Teatro FAAP). São Paulo, 2004.

Fashion Now. (Org. A Cura di Terry Jones e Avril Mair). London: Taschen, 2003.

The Fashion Book. London: Phaidon, 1998.

The Kyoto Costume Institute. Cologne: Taschen, 2003.

Periódicos

CLAUDIA MODA, n.1, 4. São Paulo: Ed. Abril, 1989.

DESIGNIS. Barcelona: Gedisa, ed. Set. 2001.

EL PAÍS, 5-01-2008, Ano XXXIII, número 11.163, edição Europa. Pg. 12.

FASHION THEORY, v. 1, n. 2. São Paulo: Ed. Anhembi-Morumbi, 2002.

FASHION THEORY, v. 3, n. 4. São Paulo: Ed. Anhembi-Morumbi, 2004.

LES ECHOS ÉTUDES – Le secteur du luxe dans le monde. Collection Panorama Strategique des grands secteur. Ed. 2000.

VIEW – Textile View Magazine, ed. Summer 2003, n. 62. Amsterdam: Metropolitan Publishing BV.

VOGUE BRASIL, n.315. São Paulo: Carta Editorial, 2004.